U0523470

朱人求 主编

朱熹易学散论

王 风 著

商务印书馆
2017年·北京

图书在版编目(CIP)数据

朱熹易学散论/王风著.—北京:商务印书馆,2017
(朱子学文库)
ISBN 978-7-100-15406-2

Ⅰ.①朱… Ⅱ.①王… Ⅲ.①朱熹(1130—1200)—《周易》—思想评论 Ⅳ.①B244.75②B221.5

中国版本图书馆 CIP 数据核字(2017)第 243549 号

权利保留,侵权必究。

朱熹易学散论
王　风　著

商　务　印　书　馆　出　版
(北京王府井大街36号　邮政编码100710)
商　务　印　书　馆　发　行
北京顶佳世纪印刷有限公司印刷
ISBN 978-7-100-15406-2

2017年11月第1版　　　　开本700×1000　1/16
2017年11月北京第1次印刷　印张12¼
定价:39.00元

《朱子学文库》编委会

顾　问　陈　来

编委会主任　朱崇实

编委会副主任　陈支平　陈武元

编　委

　　　　朱崇实　朱汉民　朱杰人　周桂钿　陈支平　陈武元　吴　震
　　　　李甦平　蔡方鹿　何　俊　田　浩（美）　吾妻重二（日）
　　　　井上厚史（日）　何乃川　高令印　刘泽亮　乐爱国　杨立华
　　　　姜真硕（韩）　苏费翔（德）　杨柱才　徐公喜　方旭东
　　　　傅小凡　杨祖汉　杜保瑞　曾春海　吴光辉　谢晓东　朱人求

主　编　朱人求

副主编　刘泽亮　乐爱国

目 录

朱子学的精神与未来

  ——《朱子学文库》序 ……………………………… 陈 来 1

易学史上性理与象数之关系问题

  ——兼评纪昀"两派六宗"说 ………………………………… 1

"《易》本卜筮之书"与占学方法

  ——兼论程朱易学之一脉相承 ……………………………… 10

"先天学为易学纲领"与新道统说 …………………………… 18

"《易》只是个空底物事"与《周易本义》卷首九图 ………… 26

王弼易学对朱熹的影响 ………………………………………… 43

程门易学对朱熹的复杂影响 …………………………………… 58

朱熹对程氏易学的支持以及对苏氏易学的批判 ……………… 70

刘牧活动年代及其著作考辨

  ——兼论《遗论九事》非刘牧作品 ………………………… 84

刘牧对周敦颐、邵雍可能发生的影响

  ——兼论朱震易学传承谱之可疑 …………………………… 95

《易传》与《周易本义》关系考辨 …………………………… 106

从《朱子语类》看《周易本义》成稿过程 …………………… 117

《易学启蒙》的内容及朱、蔡二人各自的贡献 ……………… 134

《答袁机仲》十一书的写作时间

  ——兼论朱熹晚年绘制伏羲次序图 ………………………… 148

"无形而有理"
　　——朱熹的太极之学 …………………………………… 155

"无心涵有象"
　　——朱熹的先天之学 …………………………………… 172

朱子学的精神与未来

——《朱子学文库》序

陈 来

在儒家思想文化史上，有两个集大成的人物。如果说孔子是上古文化集大成的代表，那么，宋代的朱子就可以说是近古文化集大成的代表。朱子是南宋著名的思想家、哲学家、教育家和大学者，后人称其学术为"致广大，尽精微，综罗百代"，在南宋以后，朱子和他的思想对中国乃至东亚的社会文化影响甚大。朱子学是行动的哲学、实践的哲学。朱子思想不仅统治了南宋以后元明清七百多年的中国，而且影响到整个东亚世界，并演化为东亚世界的统治哲学。不仅如此，《朱子小学》《增损吕氏乡约》《朱子家礼》所倡导的日常生活礼仪也日益成为东亚民众普遍遵循的生活方式，朱子学因之成为近世东亚文化的共同信仰。

"问渠哪得清如许，为有源头活水来。"在全球化的背景下，朱子学仍然焕发着生机和活力，《朱子家礼》在韩国、中国闽台地区仍然发挥着它的部分功能，韩国和中国每年都会举行朱子祭礼来缅怀朱子的丰功伟绩，朱子学仍然存活在我们身边，仍然是我们重建精神世界的活水源头。在全球化的背景下，现代人从朱子的思想中可以学到什么东西？朱子学对现代社会和现代生活有什么意义？换言之，全球化需要什么样的朱子学？朱子学的精神怎样参与人类未来精神世界的建构？我想至少可以从以下几个方面来初步了解朱子学在全球化时代的现代意义。

1. 文化传承

朱子的文化实践可归结为一句话，就是文化传承与创新。朱子对古代文化做了全面的整理，对四书的集辑与诠释尤花费了毕生精力，是文化继往开来、传承创新的典范。朱子在孔子以后的文化传承方面做出的贡献，是近一千年以来无人可以与之相比的。今天的中华民族是由历史上的中华民族发展而来的，中华民族今天的成就是以发展了几千年的中国文化为基础的，而文化传承最核心的是价值观。以中华文化价值体系为核心的文化传承，不仅具有延续民族文化的意义，更具有满足当今重建社会价值的意义。应当学习朱子在文化传承方面的抱负和努力。

2. 主敬伦理

朱子学的学问宗旨，常常被概括为"主敬穷理"，所谓"主敬以立其本，穷理以进其知"。"主敬"是一种内心的状态，也是一种行为的状态，是"教人随事专一谨畏，不放逸耳"。从广义的内心生活态度来讲，敬畏感是一种带有超越性的内心态度和感受，其根本必归结到康德所说的对头上的星空和心中的道德律令的敬畏。头上的星空代表宇宙法则，宇宙法则加上心中的道德，这就是朱子讲的天理。"主敬"包含的敬畏感，是一种值得肯定的心灵境界和道德境界。从做事的角度来说，朱子学的现代意义之一，是可以为东亚社会提供一种"工作伦理"，朱子学的"主敬"精神为传统到现代的工作伦理提供了一种现成的资源、现成的伦理概念。

3. 学习精神

朱子学最为强调的是格物穷理，大学的"格物"朱子解释为即物穷理，格物穷理之方法是多种的，朱子特别强调的是读书讲学，其中特别突出学习的精神。就哲学的精神来看，朱子学可以说是孔子学习思想最大的继承、发展、推动者。朱子学的格物论可以说是对儒家自古以来的"学习"思想的一种哲学的论证和展开。今天的现代社会在教育程度上已与古代不同，以古代朱子学的标准来看，现代人的受教育程度都属于"大学"，所以朱子学几乎适用于今天现代社会的所有人。现代社会越来越是一个"学习型社会"，朱子学的"学习精神"应当说给我们提供了最好的指导。

4. 教育理念

除了学习精神，朱子学的教育理念也有其现代意义。从当代大学通识教育的角度来看朱子的格致论，朱子所强调的格物和问学，很大程度上都是为了肯定经典讲论在儒学中的正当地位。朱子对经典的学习非常重视，朱子所推动的读书主要也是读圣贤之书，读经典之书。朱子学的格物致知思想更近于受到大家重视的大学"通识教育"理念。因为朱子的格物说的确不是朝向某些专业的科学研究，而是重在培养学习者的综合素质，培养学习者的人文精神、道德理解、多元眼界和宽阔胸怀。这些思想都是与当代大学通识教育相通的文化资源。

5. 实践哲学

朱子不仅强调知识的学习，而且更为强调实践，这种对实践的强调，特别体现在朱子一贯提倡的"知行相须""力行为重"上。照朱子的讲法，致知与力行之间相互联系，密不可分，二者如车之两轮、鸟之双翼，不可偏废。但论先后，知在先，行在后。论轻重，力行为重。知而不行，就不是真知，真知一定能付诸实践、表现于实践。这种精神合乎 19 世纪以来实践哲学的发展，当代哲学对社会实践的重视和关怀已经成为一种趋势。在这个意义上，朱子学的精神和近代哲学是相通的。

6. 化民成俗

朱子的儒学思想固然着眼于成年读书人的修身，但也关注社会风俗的改善。他强调大学之教不仅与"学者修己治人"有关，也与"国家化民成俗"有关。所以，其论教育的结果，"其学焉者，无不有以知其性分之所固有，职分之所当为，而各俛焉以尽其力"。学习者经过学习，不会脱离人伦日用，而能够更加理解自己的天性和职分，在其本职位置上尽伦尽职、尽力尽心。每个人都在其社会职位上尽其力，国家自然就可得化民成俗之效。朱子是对传统蒙学教育贡献最大的人，他的著作如《蒙童须知》《小学》《增损吕氏乡约》以及《家礼》等，在社会上流行甚广，对儒学价值的大众化、通俗化，对培养少年儿童养成德行，对形成文明的社会礼俗，都起了积极的作用。今天应当重视朱子这方面的贡献，使朱子的这些著作与目前流行的《弟子规》一起，古为今用，在道德教育中起到应有的作用。

近百年来，我国朱子学研究在现代社会的转型中起落消长，虽然有过种种曲折，但总体上处于蓬勃向上的发展态势；尤其21世纪以来，朱子学研究开拓的范围已相当广泛，如对朱子的易学、朱子的"四书"学、朱子的工夫论、朱子的经学、朱子的经典诠释、朱子的文学、朱子的自然学，以及朱子后学的研究、东亚朱子学的研究、朱子礼学的当代社会实践研究等，都出现了不少专著和论文，取得了很好的成果。这种研究的多元化和广泛性在宋明理学其他大思想家的研究中（如陆象山、王阳明）是很少见的。

在肯定成绩的同时，我们也要看到，宋、元、明、清四个朝代对朱子学的研究构成了现如今我们所研究的朱子学的整体，我们今天仅仅是对于朱熹本人的研究，也不能说是很充分的。如何发展朱子哲学研究的理论思维，提高理论的把握和处理朱子学材料的水平，关注较大范围的哲学思考，仍是朱子学研究应当持守的层面。在朱子后学的研究方面，近年来也有一些发展，只是总体上比起阳明后学的研究来还很不够。就此而言，我们要对各个朝代（宋、元、明、清）的朱子后学的重要见解进行分析，把他们流传下来的书籍、文献进行整理、研究。如果完成这些工作的话，对于学科的发展会有很大的建树。我们应当在不长的时间内使朱子后学的研究有一个较大的改观。进一步说，朱子后学，若只限于一传二传乃至三传的意义上，还不能穷尽"朱子学"的范围；从更广的朱子学的角度看，元明清的朱子学家思想群体都应有规划地一步步地开展其研究，成为体系，使"朱子学"理论深化和发展的历史得以呈现，使"朱子学"的研究更加丰满。

美国文化人类学家克利福德·吉尔兹（C.Geertz）曾经呼吁，我们要研究那种具有全球意义的"地方性知识"，而朱子学正是这种具有"全球意义的地方性知识"。我们认为，朱子学有三个层次，犹如一个同心圆展开的过程。第一个层次，中国文化圈中的朱子学；第二个层次，东亚文明圈中的朱子学；第三个层次，全球朱子学。中国朱子学研究多停留在第一层次，今后我们要大力提倡和发展第二、第三层次的朱子学研究。

以朱子学和阳明学为核心的"新儒学"是东亚文明的共同体现。不全面了解朱子学的各个方面，就无法了解东亚朱子学者对朱子学的承传与创新。只有全面了解中国宋元明清儒学内部对朱子哲学的各种批评，才能真正了解德川时代儒学对朱子的批评中，哪些是与中国宋明儒学的批评相同的，哪些是与宋明儒学的批评不同而反映了日本思想的特色。反过来，只研究朱子的思想，而不研究李退溪、李栗谷、伊藤仁斋的思想，就不能了解朱子哲学体系所包含的全部逻辑发展的可能性，不能了解朱子思想体系被挑战的所有可能性，以及朱子学多元发展的可能性。这样的朱子哲学的研究是不完整的。换言之，中、日、韩朱子学的相互交涉、相互促进，构成了东亚朱子学承传与创新的独特风景。未来的东亚朱子学研究应填补空白，走向综合，从整体上揭示和阐释东亚朱子学的话语体系，揭示出其内在的问题意识、思想脉络和朱子学的相互交涉，并予以其思想以正确的理论定位。

反观近世东亚的朱子学（主要是韩国和日本的朱子学），20世纪80年代以来全国各地也有不少研究，后来因学科目录中原有的"东方哲学"不再存在，使得相关研究的发展受到一些影响，现在应继续努力加强其研究。近十年来中国台湾学者尤其是新儒家学者对韩国朱子学加强了研究，取得了明显的成绩，给这一领域增添了新的动力和活力。另一方面值得注意的是，中国台湾朱子学界近年普遍出现了对牟宗三先生朱子研究范式的一些反省和讨论，也促进了朱子哲学研究在我国台湾地区的新的开展，并将推动整个朱子哲学研究的深化。

最近，厦门大学国学研究院、朱子学会积极吸纳全球朱子学专家和学者的最新成果，拟用五年时间出版30册左右的大型《朱子学文库》。这是继20世纪日本发行《朱子学大系》以来最为重要的一次朱子学著作的大集辑，文库的作者群来自全球各地，主要以中青年学者为主，内容也以东亚朱子学研究和全球百年朱子学研究为主，我认为，这将是21世纪朱子学研究中的一件大事。

厦门大学朱子学研究有着悠久的历史传承。老一辈的邹永贤教授、高令印教授、何乃川教授在朱子学研究领域筚路蓝缕，开拓创新，为厦门大学朱子学研究奠定了很好的基础。邹永贤教授主编的《朱子学研究》《朱子学论丛》，在学术界影响颇佳。高令印教授从20世纪80年代开始从事朱子学研究，其著作《福建朱子学》《朱子学通论》等在朱子学界有一定的影响，其作品《退溪学与东方文化》《朱熹事迹考》被翻译成韩文，为韩国朱子研究者所重视。2006年，厦门大学国学院复办，复办后的国学研究院，在国学研究方面取得了引人注目的成就。厦门大学国学院研究组织校内外相关科研队伍，在开展以朱子学为核心的、以中国传统文化为主要领域的科学研究方面，取得了引人注目的成绩，特别是在推动朱子学、海峡两岸国学研究与互动交流方面，成绩突出。近五年来，先后举办（包括联合举办）规模较大的国际和海峡两岸朱子学研讨会六次，出版朱子学研究专著、译著十余部。2011年9月，朱子学会在厦门大学成立，创办《朱子学年鉴》，组织举办多次大型国际朱子学会议，团结了一大批海内外朱子学研究专家，引领朱子学研究走向国际化，厦门大学朱子学研究步入了一个全新阶段。2012年和2013年，厦门大学分别获得"百年朱子学研究精华集成""东亚朱子学的承传与创新研究"两项国家重大招标项目，并以此为基础编辑出版《朱子学文库》，它也标志着厦门大学已经成为我国东南沿海朱子学研究的中心。

"旧学商量加邃密，新知培养转深沉。"未来的路很长很长，我们坚信，发展朱子学研究是大有可为的，我们要加强规划，抓紧开展，促进国际交流，利用目前重视文化发展的大好时机，使朱子学的研究开创出一个新的局面。

是为序。

易学史上性理与象数之关系问题
——兼评纪昀"两派六宗"说

关于朱熹易学,有主张属于义理派的,有主张属于象数派的,有主张属于融象数义理为一体的,有主张部分内容属义理、部分内容属象数的。关于义理派与象数派孰优孰劣,又存在三种意见,一种意见认为义理为易学之本,一种意见认为象数为易学之本,还有一种意见折中于二者之间。因此,朱熹易学之属于义理派还是象数派,就不单为事实判断,且为价值判断。

今人用象数、义理对分格局评断古今易学,常常以纪昀《四库全书总目提要·易类小序》的"两派六宗"之说来举例。《易类小序》回顾易学史,提出:"汉儒所言象数,去古未远,为一宗;一变而为京房、焦延寿,入于禨祥,为一宗;再变而为陈抟、邵雍,务穷造化,为一宗。此三宗为一派。王弼尽黜象数,说以老庄,为一宗;一变而为胡瑗、程颐,阐明儒理,为一宗;再变而为李光、杨万里,参证史事,为一宗。此三宗为一派。是为'两派六宗'。"今人解读《易类小序》,认为:"这种以义理为《易》之本,象数为末,将易学概括为'两派六宗'的说法,基本上把握了易学发展的规律。"[①] 在哲学受重视的今天,这样解读《易类小序》,能得到很多学人首肯,但遗憾的是,纪昀本意并非如此。

学人解读《易类小序》,经常忽略一个情况,即"两派六宗"列举京房、焦延寿、陈抟、邵雍、王弼、胡瑗、程颐、李光、杨万里九家易学,似乎是择焉不精的。西汉田何、施雠、孟喜、梁丘贺《易》都得立学官,

---

① 廖名春等:《周易研究史》,湖南出版社1991年版,第393页。

京氏《易》依附孟氏，在短暂得立之后复废，地位比不上四家显豁，"两派六宗"有京、焦却不及四家。东汉荀爽、刘表、马融、郑玄的易学并称四大家，"两派六宗"未及四家。费氏《易》在两汉传承不绝，一直影响到三国曹魏时期的王肃和王弼，史家溯源，多称述费氏《易》，而"两派六宗"未及费氏。虞翻在易学史上十分有名，"两派六宗"也没有提到。朱熹易学与程颐易学并立于清代学官，"两派六宗"有程颐却无朱熹。那么，纪昀的"两派六宗"说为何会如此疏略呢？

这里首先要排除草率为之的因素。作为《四库全书》的总纂官，纪昀以博学卓识著称，毕生精力萃于《四库全书总目提要》。李元度《纪文达公事略》说："乾隆三十有八年，纯皇帝特开四库全书馆，以河间纪公为总纂官。公贯彻儒籍，旁通百家，凡六经传注得失，诸史异同，子、集支分派别，以及词曲医卜之类，罔不抉奥提纲，溯源竟委。每进一书，仿刘向、曾巩例，作提要冠诸篇首，上辄览而善之。又奉诏撰《简明目录》，存书存目多至万余种，皆公一手所订，评骘精审，识力在王仲宝、阮孝绪之上，藏诸七阁，裒然巨观，真本朝大手笔也。"①《郑堂读书记》作者周中孚说："窃谓自汉以后簿录之书，无论官撰私著，凡卷第之繁富，门类之允当，考证之精审，议论之公平，莫有过于是编矣。"②《四库全书总目提要》开篇为数百字的《经部总序》，紧接其下即《易类小序》。作为镇于篇首的短短序文，应当精思而又审慎，不可能草率为之的。

纪昀撰写《易类小序》疏略田何、施雠、孟喜、梁丘贺、费直、荀爽、刘表、马融、郑玄、虞翻，是不是由于他和他的同事对汉学缺乏足够了解？这一点也不必担心。梁启超《中国近三百年学术史》曰："自康、雍以来，皇帝都提倡宋学——程朱学派，但民间——以江浙为中心，'反宋学'的气势日盛，标出'汉学'名目与之抵抗。到乾隆朝，汉学派殆占全胜。政府方面文化事有应该特笔大书的一件事，曰编纂《四库全书》。"又说："《四库提要》这部书，是以公的形式表现时代思潮……露骨的说，四库馆就是汉学家大本营，《四库提要》就是汉学思想的结晶

---

① 李元度：《国朝先正事略》卷二十，《续修四库全书》本，第 6 页。
② 周中孚：《郑堂读书记》卷三十二，《续修四库全书》本，第 11 页。

体。就这一点论，也可以说是：康熙中叶以来汉宋之争，到开四库馆而汉学派全占胜利。"① 梁启超的结论未必确当，然四库馆臣群体的汉学造诣的确无可怀疑。纪昀及其同事对汉《易》之熟知，可从汉《易》诸书提要得见。例如，《周易郑康成注提要》曰："考玄初从第五元先受京氏《易》，又从马融受费氏《易》，故其学出入于两家，然要其大旨，费义居多，实为传《易》之正脉。齐陆澄与王俭书曰：'王弼注《易》，玄学之所宗。今若崇儒，郑注不可废。' 其论最笃。唐初诏修《正义》，仍黜郑崇王，非达识也。"② 从这篇提要看，纪昀不但熟知郑氏《易》，而且认为从费直经马融到郑玄的"费义"一脉"实为传《易》之正脉"，进而批评孔颖达不应当黜郑崇王，明白地表现出汉学立场。又例如，《易汉学提要》曰："国朝惠栋撰。……其以虞翻次孟喜者，以翻别传自称'五世传孟氏《易》'；以郑玄次京房者，以《后汉书》称'玄通京氏《易》'也。荀爽别为一卷，则费氏《易》之流派矣。……汉学之有孟、京，亦犹宋学之有陈、邵，均所谓'易外别传'也。费氏学自陈元、郑众、马融、郑玄以下，递传以至王弼，是为今本。然《汉书》称直'长于卦筮，无章句，徒以《彖》《象》《系辞》十篇文言解说上下经'，又《隋志》五行家有直《易林》二卷，《易内神筮》二卷，《周易筮占林》五卷，则直《易》亦兼言卜筮，特其爻象、承应、阴阳变化之说，与孟、京两家体例较异。合是三派，汉学之古法亦约略尽此矣。夫《易》本为卜筮作，而汉儒多参以占候，未必尽合周、孔之法。然其时去古未远，要必有所受之。……孟、京两家之学当归术数，然费氏为象数之正传，郑氏之学亦兼用京、费之说，有未可尽目为谶纬者，故仍列之经部焉。"③ 这篇提要简明概括汉《易》孟、京、费氏三流派，认为孟氏、京氏应当归于数术，而费氏为象数之正传，表现出在象数方面尊费氏而又不舍弃孟氏、京氏的某些因素之意。这些学术评论，说明纪昀和他的同事对汉代易学深有研究。《四库

---

① 梁启超：《中国近三百年学术史》，东方出版社1996年版，第26～27页。
② 《钦定四库全书》经部一，《周易郑康成注·提要》，文渊阁本。
③ 《钦定四库全书》经部一，《易汉学·提要》，文渊阁本。

全书》所收惠栋《易汉学》八卷，底本采用另一位总纂官陆锡熊家藏本，也反映出，纪昀和他的同事对汉《易》是熟知的。

如此看来，纪昀和他的同事没有理由疏略田何、施雠、孟喜、梁丘贺、费直、荀爽、刘表、马融、郑玄、虞翻和朱熹的易学。"两派六宗"未提到诸家，当另有隐情。我们来看《易类小序》全文：

> 圣人觉世牖民，大抵因事以寓教：《诗》寓于风谣，《礼》寓于节文，《尚书》《春秋》寓于史，而《易》则寓于卜筮。故《易》之为书，推天道以明人事者也。《左传》所记诸占，盖犹太卜之遗法。汉儒言象数，去古未远也，一变而为京、焦，入于禨祥，再变而为陈、邵，务穷造化，《易》遂不切于民用。王弼尽黜象数，说以老、庄，一变而为胡瑗、程子，始阐明儒理，再变而为李光、杨万里，又参证史事，《易》遂日启其论端。此两派六宗，已互相攻驳。又《易》道广大，无所不包，旁及天文、地理、乐律、兵法、韵学、算术，以逮方外之炉火，皆可援《易》以为说，而好异者又援以入《易》，故《易》说愈繁。夫六十四卦《大象》皆有"君子以"字，其爻象则多戒占者，圣人之情见乎词矣。其余皆《易》之一端，非其本也。今参校诸家，以因象立教者为宗，而其他易外别传者，亦兼收以尽其变。各为条论，具列于左。①

序文可分四节："圣人觉世牖民"到"盖犹太卜之遗法"为第一节，"汉儒言象数"到"已互相攻驳"为第二节，"又《易》道广大"到"故《易》说愈繁"为第三节，"夫六十四卦"到"非其本也"为第四节。第一节，认为圣人寓教于卜筮而作《易》。第二节，历数汉代之后"两派六宗"，认为汉儒言象数去古未远，到京房、焦延寿则入于禨祥，到陈抟、邵雍又务穷造化，于是象数一派遂不切于民用。至于义理一派的王弼、胡瑗、程颐、李光、杨万里，也不过是日启论端，无所归著。这就总体地否定了象数、义理两个流派，且具体地批判了六宗中的五宗。第三

---

① 王云五主编：《四库全书总目提要》，万有文库本，商务印书馆排印、影印本，第2页。

节,在"两派六宗"之外,又批评杂家之援《易》立说,好异者之援以入《易》,造成易学混乱。第四节,认为自孔子以来,如《大象传》之因象立教者,方为易学之正宗,凡偏离此道者,都是易外别传,不是正宗。这篇序文,一方面批判禨祥宗、造化宗、老庄宗、儒理宗、史事宗以及杂家易说,认为它们或不切于民用,或日启论端,另一方面提出三个主张,即"圣人寓教于卜筮而作《易》""《易》因象以立教""《易》多戒占之辞",一正一反,构成一篇有破有立,观点鲜明的论文。其所破者,是篇中列举的"两派六宗"之禨祥宗、造化宗、老庄宗、儒理宗、史事宗。其所立者,是《大象传》以来的因象立教传统。而这种因象立教之学,竟然不在"两派六宗"之内。

《易类小序》提出"两派六宗",是为了批评否定其中各宗,至于它不想批评否定的田何、施雠、孟喜、梁丘贺、费直、荀爽、刘表、马融、郑玄、虞翻和朱熹的易学,自然不必列入"两派六宗"之内。也就是说,《易类小序》既没有试图用"两派六宗"概括整个易学史,更没有试图肯定义理派或象数派。它推崇的易学正脉,是因象立教、寓教于卜筮的君子之学,这样的学问不能简单地归入义理派或者象数派,它逍遥于"两派六宗"之外。

朱熹易学中象数的内容丰富清晰,不像王弼、程颐易学中的象数那样简省隐蔽。同时,朱熹易学讲太极,讲人极,讲阴阳,讲仁义,讲性命,讲修身,讲扶阳抑阴,讲穷理尽性,其义理的内容也同样丰富且清晰。更重要的是,朱熹易学重视卜筮,主张因象立教,被后世称为"象占之学",它很接近《易类小序》推崇的易学正脉。因此,纪昀没有把朱熹易学归入两派的某派,六宗的某宗。《四库全书总目提要》有《原本周易本义提要》,仅考证版本,不作点评,不断定它属义理派还是象数派,可能基于同样考虑。

当代学界断定朱熹属于义理派的,并不否认其中有象数内容,例如朱伯崑说:"朱熹的易学,对筮法的解释,虽然吸收了河洛图式和邵雍的先天易学,但仍然属于义理学派;或者说,站在义理学派的立场,吸收象数学派的某些观点,以补其不足。"[①] 断定朱熹属于象数派的,也不否认

---

① 朱伯崑:《易学哲学史》第二卷,华夏出版社1995年版,第415页。

其中有义理的内容，例如周予同说："程、朱之易学，虽均属与汉《易》对峙之宋《易》，然程为宋《易》中之义理派，而朱则为宋《易》中之象数派……在熹之本意，或以为程颐《易传》偏于义理，故济以象数，以维持其哲学上之调和统一的态度。"①认为朱熹兼综义理与象数的学者，也不乏其人。这种众说并行不废的情况，暗示我们，用"象数派"或"义理派"之标签来贴朱熹易学，也许是不合用的。无论贴"象数派"标签，还是贴"义理派"标签，甚或"象数派""义理派"两个标签一并贴之，都可能不合适。

笔者认为，朱熹易学以性理为体，以象数为用，乃是一种"象占之易"。下面我们聚焦于朱熹易学的性理与象数之体用关系，作一考察，追溯其来历，描述其表现。至于朱熹发明的占学方法，则留待他处讨论。

王弼、程颐、朱熹的易学，是易学史上三大家，前后相继，立于学官一千数百年。就朱熹而言，他远继王弼《周易注》，近承程颐《程氏易传》，以王、程易学为背景开出了自己的易学体系。这个易学体系，基于象占之学，将性理与象数融通于体用关系之中。王弼、程颐关于体用关系的论述，为朱熹兼取性理与象数提供了理论框架。

先来看王弼怎样处理性理与象数的体用关系。秦代焚书，《易》以卜筮之书不烧。汉兴四百年，《周易》象数学日渐兴盛，日趋烦琐。三国曹魏之际，王弼反思汉《易》象数之无本，感受到"体"之重要，因而创立对后世影响甚巨的易学体系。王弼的易学体系，既是条例义理化的，形上本体化的，同时又是具有内在性的。其中条例义理化的特点与汉代古文经学一脉相承，形上本体化的特点来自老庄哲学。汉代易学"多参天象"，即从《易》卦外部的天象历法等现象寻求卦爻辞的根据，是外在性的。王弼易学则"全释人事"，借用人事义理揭示出《易》卦的固有属性，再从《易》卦固有属性追问卦爻辞的来历，因此成为具有内在性的易学。王弼易学具有条例义理化、形上本体化和内在性这三个特点，已

---

① 周予同：《朱熹》，该文收于朱维铮编：《周予同经学史论著选集》，上海人民出版社1983年版，第151页。

具有性理之学的特点。①

王弼在汉代象数学泛滥的历史背景下，重点强调条例义理和形上本体，对当时流行的枝端末节的象数较少涉及，给人的印象是空谈性理，扫象不谈，而实际上王弼是兼取象数，并通过象数来显示性理的。王弼扫的是汉代那些浮泛不根的象数家言，对《易》中基本的数和象，如大衍数、五行数、卦时、八卦之象、爻位之象，不但不扫，而且多有称述和创见。他一方面提出"得意忘象"，表现出"崇本"的哲学诉求，另一方面又重视卦主、两体以及爻之承、乘、比、应等关系，表现出"举末"的哲学诉求。综言之，在性理与象数关系上，王弼的基本观点是"崇本举末"，那些与性理之"本"无关的散乱多端的象数之"末"，则一概删削之矣。

再来看程颐怎样处理性理与象数的体用关系。程颐治《易》，推崇王弼、胡瑗、王安石三家，其所著《程氏易传》，则继承王弼的性理传统。程颐在王弼的基础上，进而提出，性理与象数乃是"体用一源，显微无间"的关系。《易传序》云："君子居则观其象而玩其辞，动则观其变而玩其占。得于辞不达其意者有矣，未有不得于辞而能通其意者也。至微者理也，至著者象也。体用一源，显微无间。观会通以行其典礼，则辞无所不备。故善学者，求言必自近。易于近者，非知言者也。予所传者辞也，由辞以得其意，则在乎人焉。"②《河南程氏遗书》有程颐语录云："有理而后有象，有象而后有数。《易》因象以明理，由象以知数，得其义则象数在其中矣。"③"有理而后有象，有象而后有数""得其义则象数在其中矣"是基于性理而谈象数。"《易》因象以明理，由象以知数"是基于象数而谈性理。究其要归，即性理与象数体用一源、显微无间。程颐易学中的象数，主要指卦时、卦德、爻位、爻德、上下体关系、爻之关系等《易》卦固有的结构和属性，其因象所明之理，则所谓天理也。

---

① 王葆玹：《今古文经学新论》，中国社会科学出版社1997年版，第530～531页。
② 程颢、程颐：《二程集》第三册《易传序》，中华书局1981年版，第689页。
③ 程颢、程颐：《二程集》第一册《河南程氏遗书》卷二十一，中华书局1981年版，第271页。

最后看朱熹怎样处理性理与象数的体用关系。朱熹少年治《易》，曾用数年时间研读王弼注、孔颖达疏的《周易正义》，受到王弼《周易注》的深刻影响。同时，程颐之学也由家学和师学两条途径辗转传至朱熹。朱熹沿着王弼"崇本举末"和程颐"体用一源，显微无间"这条路线走下来，又特别强调了"理一分殊"。

"理一分殊"方法，是程颐的三传弟子李侗传授给朱熹的。李侗曾对朱熹讲过一段著名的话："吾儒之学所以异于异端者，理一分殊也。理不患其不一，所难者分殊耳。"① 意思是说，欲体认理一，当从察识分殊入手，即事即物，穷究其理，积累既久，必能上达一路，豁然贯通。朱熹把这一方法移于易学，施用于研究、著作两个方面。其研究路线，是从宋代图书之学汲取象数素材，加以整合，试图经由先天后天象数有形内容的错综复杂之研究，以接近"总天下万物之理"而达于极致的无声无臭的太极本体。其著作路线，是把九图置于《周易本义》卷首，试图引导读者经由先天后天象数有形内容的具体了解，以达于对形上本体的体认。在朱熹易学中，象数的内容相比程颐和王弼大大地扩展了，而这种扩展始终服务于其性理内容之展开，并最终施用于象占，因象占以立戒教。

朱熹研究象数的起点，是《太极图说解》。该书阐述的太极本体思想，立定了其性理论的大本大原。朱熹易学中丰富的象数内容，从始至终都被定义为太极本体之展开，从始至终都试图防止失去本根，流于枝端末节。正如《易学启蒙序》所言："圣人观象以画卦，揲蓍以命爻，使天下后世之人，皆有以决嫌疑，定犹豫，而不迷于吉凶悔吝之途，其功可谓盛矣。然其为卦也，自本而干，自干而支，其势若有所迫而自不能已。其为蓍也，分合进退，纵横顺逆，亦无往而不相值焉，是岂圣人心思智虑之所得为也哉！特气数之自然形于法象、见于《图》《书》者，有以启于其心，而假手焉耳。近世学者类喜谈《易》，而不察乎此。其专于

---

① 朱熹：《朱子全书》第十三册《延平答问》赵师夏跋，上海古籍出版社、安徽教育出版社2002年版，第354页。

文义者，既支离散漫而无所根著，其涉于象数者，又皆牵合傅会，而或以为出于圣人心思智虑之所为也。若是者，予窃病焉。因与同志，颇辑旧闻，为书四篇，以示初学，使毋疑于其说云。"① 所谓"自本而干，自干而支，其势有所迫而自不能已"，所谓"分合进退，纵横顺逆，无往不相值"，所谓"气数之自然形于法象"，乃极言易学之象数理应是形上本体亦即太极之自然呈现也。

哲学上的体用关系，是体在用中，体因用显，本体通过现象来显示，没有现象界也就无所谓本体界。朱熹易学的体用关系，是以性理为体，象数为用，没有象数界也就无所谓性理界。

朱熹为显示性理而研究象数，从存在论角度看，是有其理由的，是合理的。但是，重视末有，果真能做到上达于本体？注重分殊，果真能做到归本于理一？重视象数，果真能做到显示性理？从认识论角度看，这些疑问并不能轻松消解。朱熹一方面认识到太极"无形而有理""不可以用有底道理强搜寻"，另一方面立定各种图式，讲了很多"有底道理"，试图用图和数指向形上本体，由分殊以见理一。问题在于，即使宇宙万物确如他理解的那样"理一分殊"地蕴含着太极本体，他所建立的图书象数的符号系统也未必真能复制宇宙万物对太极本体的蕴涵。

性理与象数之体用关系，是王、程、朱一脉易学之璇玑会要。王弼"崇本举末"，程颐"体用一源，显微无间"，朱熹"理一分殊"，三人把握性理与象数之体用关系，各有手感分寸。手感分寸稍有不同，易学之外在面貌就大相径庭了。

---

① 朱熹：《朱子全书》第一册《易学启蒙》卷一，上海古籍出版社、安徽教育出版社2002年版，第209页。

"《易》本卜筮之书"与占学方法

——兼论程朱易学之一脉相承

乾道六年（1170），朱熹四十一岁，他对弟子杨方讲论《周易》，说："《易》本为卜筮作。古人质朴，作事须卜之鬼神。孔子恐义理一向没卜筮中，故明其义。"①其后不久，他写信给何镐，说："卦惟三《易》有之，皆筮法也。"②这些话，旨在判定《周易》一书的性质，即"《易》本为卜筮作"。

有学者认为，从三国王弼到南宋初年，学者谈《易》皆空言玄理，忘记了《周易》本为卜筮之书，朱熹在这种情势下，断言"《易》本为卜筮作"，纠正易学之偏颇，在易学史上是一个贡献。我们回顾一下南宋以前的易学史，即可知道，这些学者的说法未必确当。

关于《周易》的占筮功能，《系辞传》《说卦传》有明白论说，这是每位读《周易》者都会注意到的。根据《周礼》《左传》《国语》《汉书》记载，从春秋至西汉，官府、官学和民间学派都用《周易》作占筮书。从西汉到北宋，历代朝廷大都设置占卜机构，例如西汉有太卜令，东汉太卜令并入太史令，隋唐在太常寺下设太卜署，宋初有太卜署，任职于其间的太卜之官，掌握着《周易》占筮之技。直到宋代，学者依旧时常言及《周易》与占筮的关系，例如欧阳修、苏轼、林光朝都说过"《易》

---

① 黎靖德编：《朱子语类》卷六十六，中华书局1994年版，第1627页。此条为杨方录，据《语录姓氏》，杨方录于乾道六年。
② 朱熹：《朱熹集》卷四十《答何叔京》，四川教育出版社1996年版，第1877页。何叔京卒于淳熙二年（1175）十一月，朱熹曾为其作祭文并志其圹，故此信当作于淳熙二年之前。

为卜筮书"的话，与朱熹同时代的郭雍、林栗、程迥也以精研筮法名于当世。当时，士大夫每每使用《周易》占筮吉凶，《河南程氏遗书》卷二记程子语："卜筮之能应，祭祀之能享，亦只是一个理。蓍龟虽无情，然所以为卦，而卦有吉凶，莫非有此理。以其有是理也，故以是问焉，其应也如响。"①《宋史·辛弃疾传》载有辛弃疾少年筮仕的故事。只要简略考察一下这种文化背景，即可知道，朱熹四十一岁的"《易》本为卜筮作"等语，用以判定《周易》一书的性质，乃是常识，算不上新说。

朱熹在易学上有新发现，要到淳熙二年（1175）四十六岁。这年十二月，朱熹写信给张栻，说："近又读《易》，见一意思，圣人作《易》，本是使人卜筮以决所行之可否，而因之以教人为善，如严君平所谓与人子言依于孝，与人臣言依于忠者。故卦爻之辞，只是因依象类，虚设于此，以待扣而决者，使以所值之辞决所疑之事。似若假之神明，而亦必有是理而后有是辞。但理无不正，故其丁宁告戒之词皆依于正。天下之动，所以正夫一而不缪于所之也。以此意读之，似觉卦、爻、十翼指意通畅。但文意字义犹时有窒碍，盖亦合纯作义理说者，所以强通而不觉其碍者也。今亦录首篇二卦拜呈。此说乍闻之必未以为然，然且置之，勿以示人，时时虚心略赐省阅，久之或信其不妄耳。"②信中说"近又读《易》，见一意思"，意味着在易学上有新发现。"以此意读之""录篇首二卦拜呈"，说明已基于新发现开始注解《周易》。这时朱熹所说的"见一意思"，是"要用占学方法解《易》"，旨在说明读《易》之法。

乾道六年四十一岁的"《易》本为卜筮作"和淳熙二年四十六岁的"见一意思"，朱熹后来皆用"《易》本卜筮之书"一语概括之。也就是说，朱熹一生所讲的"《易》本卜筮之书"，兼有"判定《周易》一书性质"和"说明读《易》之法"两重意思。其中前一种是当时常识，后一种是朱熹创新。

为准确理解朱熹这个创新，有必要参阅淳熙三年（1176）春天他写

---

① 程颢、程颐：《二程集》第一册《河南程氏遗书》卷二，中华书局1981年版，第51页。
② 朱熹：《朱熹集》卷三十一《答张敬夫》，四川教育出版社1996年版，第1330页。

给吕祖谦的信，这一年他四十七岁。朱熹写道："读《易》之法，窃疑卦爻之词本为卜筮者断吉凶，而因以训戒。至《彖》《象》《文言》之作，始因其吉凶训戒之意而推说其义理以明之。后人但见孔子所说义理，而不复推本文王、周公之本意，因鄙卜筮为不足言。而其所以言《易》者，遂远于日用之实，类皆牵合委曲，偏主一事而言，无复包含该贯、曲畅旁通之妙。若但如此，则圣人当时自可别作一书，明言义理，以诏后世，何用假托卦象，为此艰深隐晦之辞乎？故今欲凡读一卦一爻，便如占筮所得，虚心以求其词义之所指，以为吉凶可否之决，然后考其象之所已然者，求其理之所以然者，然后推之于事，使上自王公，下至民庶，所以修身治国皆有可用。私窃以为如此求之，似得三圣之遗意。"①

朱熹四十六及四十七岁写给张栻、吕祖谦的信，有三个要点：其一，《周易》原本是用来占筮的书，卦辞和爻辞都是占断之辞。其二，卦爻辞"因依象类""虚设待扣"，故能"包含该贯""曲畅旁通"。其三，学者应该像占筮者那样读《易》，方能体认《易》道之广大悉备。其中第一点不算新发现，第二点和第三点则创立新说。朱熹认为，《周易》内蕴无限义理，时人解《易》，总是从每一卦每一爻引出固定的义理，结果"偏主一事而言"，顾此失彼，不能揭示卦爻"包含该贯，曲畅旁通"之妙，遂使《易》"远于日用之实"。易学家应当参取占筮方法，对卦爻之辞和卦爻之象，根据不同情境作不同理解，这样才能在种种变化的情境下不断揭示卦爻之新意，卦爻之辞和卦爻之象的无穷意蕴才可以不断开显出来。朱熹倡导的这种读《易》方法，称为"占学方法"。

朱熹在淳熙二年（1175）四十六岁提出占学方法，可能与他两次校订《程氏易传》以及撰写《太极图说解》有关。朱熹在乾道五年（1169）和乾道九年（1173）先后两次校订《程氏易传》，其间从乾道六年（1170）到乾道八年（1172）写作和修改了《太极图说解》。《太极图说解》是对周敦颐《太极图》和《太极图说》的注解，在这部书中，朱熹阐述了自己的太极本体论，即：太极无形无象，无声无臭，却蕴含着

---

① 朱熹：《朱熹集》卷三十三《答吕伯恭》，四川教育出版社1996年版，第1458页。

天地万物无穷无尽的道理，是万物本原；天地间各种事理之总和，就是太极；太极不单独为一物，它通过万事万物的存在和运动得以体现；每一具体事物之中，各自浑具太极之理，物物皆有一太极。基于以上太极本体论，朱熹认为《周易》一书之本原即是太极，因而其内涵无限，易学家的任务，是揭示或者呈现这个无限内涵。

于是朱熹不大满意程颐易学了，"伊川求之太深，尝说：'三百八十四爻，不可只作三百八十四爻解。'其说也好。而今似他解时，依旧只作得三百八十四般用。"① 在朱熹看来，程颐把每卦每爻解释为固定事理，这个方法不对路，无法呈现《周易》本原亦即太极本体的无限内涵。那么，怎样才能让太极本体开显出来而不是窒碍它呢？朱熹发现，一向被学者轻视的占筮术，尚保存着活解《周易》的方法。在占筮活动中，占筮者总要在不同情境中超越《周易》文本限制，开显出越来越多的义理，《周易》蕴含的无限内涵，在占筮情境下可以随事彰显。朱熹把占筮术的这个方法提取出来，用于解经，就得到读《易》的新方法即"占学方法"。占学方法是以太极本体论为理论基础，以《程氏易传》为扬弃对象，受占筮术启发而提出的。

朱熹曾作《警学篇》，阐述占学方法之大意：

> 读易之法，先正其心。肃容端席，有翼有临。
> 于卦于爻，如筮斯得。假彼象辞，为我仪则。
> 字从其训，句逆其情。事因其理，意适其平。
> 曰否曰臧，如目斯见。曰止曰行，如足斯践。
> 毋宽以略，毋密以穷。毋固而可，毋必而通。
> 平易从容，自表而里。及其贯之，万事一理。
> 理定既实，事来尚虚。用应始有，体该本无。
> 稽实待虚，存体应用。执古御今，由静制动。

---

① 黎靖德编：《朱子语类》卷六十六，中华书局1994年版，第1625页。

洁静精微，是之谓易。体之在我，动有常吉。①

朱熹一生讲学，多次提到占学方法。例如，六十二岁后某一天，弟子叶贺孙问《警学篇》含义，朱熹回答："圣人作《易》，只是说一个理，都未曾有许多事，却待他甚么事来揍。所谓'事来尚虚'，盖谓事之方来，尚虚而未有；若论其理，则先自定，固已实矣。'用应始有'，谓理之用实，故有。'体该本无'，谓理之体该万事万物，又初无形迹之可见，故无。下面云，稽考实理，以待事物之来；存此理之体，以应无穷之用。'执古'，古便是《易》书里面文字言语。'御今'，今便是今日之事。'以静制动'，理便是静底，事便是动底。且如'即鹿无虞，惟入于林中。君子几，不如舍。往吝'，其理谓将即鹿而无虞，入必陷于林中，若不舍而往，是取吝之道。这个道理，若后人做事，如求官爵者求之不已，便是取吝之道；求财利者求之不已，亦是取吝之道。又如'潜龙勿用'，其理谓当此时只当潜晦，不当用。若占得此爻，凡事便未可做，所谓'君子动则观其变而玩其占'。若是无事之时观其象而玩其辞，亦当知其理如此。某每见前辈说《易》，止把一事说。某之说《易》所以异于前辈者，正谓其理人人皆用之，不问君臣上下，大事小事，皆可用。前辈止缘不把做占说了，故此《易》竟无用处。"②《警学篇》是朱熹所写《周易五赞》即五篇赞辞之一，淳熙十三年（1186）《易学启蒙》成书时，曾附于书末。后来朱熹向其门人弟子自夸《易学启蒙》，多半由于它考证并阐述了占学方法的缘故。

这里应当注意，朱熹受占筮术启发而提出的占学方法，乃是一种经学方法。占学方法的目的，是开显《周易》内蕴的无穷义理，它与占筮活动既有联系又有区别。细读朱熹《周易本义》，对同一卦爻辞，常根据占者的不同德行，以及事件的不同情境，给出多种解释。例如，随卦卦辞曰："元亨利贞无咎。"《周易本义》注曰："其占为元亨，然必利于

---

① 朱熹：《朱子全书》第一册《周易五赞》，上海古籍出版社、安徽教育出版社2002年版，第166页。
② 黎靖德编：《朱子语类》卷六十七，中华书局1994年版，第1656～1657页。

正，乃得无咎。若所随不正，则虽大亨而不免于有咎矣。《春秋传》穆姜曰：'有是四德，随而无咎。我皆无之，岂随也哉！'今按'四德'虽非本义，然其下云云，深得占法之意。"①又例如，剥卦上九曰："硕果不食，君子得舆，小人剥庐。"《周易本义》注曰："一阳在上，剥未尽而能复生。君子在上，则为众阴所载。小人居之，则剥极于上，自失所覆，而无复硕果、得舆之象矣。取象既明，而君子、小人，其占不同。圣人之情，益可见矣。"②此类注文在《周易本义》中比比皆见，说明朱熹用占学方法解经，与一般宿命论者用占筮术预测未来，有本质区别。清儒李光地评论说："《本义》象数宗邵，道理尊程，不复自立说，惟断为占筮而作，提出此意，觉一部《易经》字字活动。朱子亦自得意，以为'天牖其衷'。周子穷天人之源，邵子明象数自然之理，程子一一体察之于人事，步步踏实，朱子提出占筮，平正、活动、的确。故《易经》一书，前有四圣，后有四贤。"③这话深得朱熹占学方法之旨意。

朱熹认为，他自己的易学不同于程颐易学之处，就是提出了占学方法。他说："（程氏）《易传》义理精，字数足，无一毫欠阙。他人着工夫补缀，亦安得如此自然！只是于本义不相合。《易》本是卜筮之书，卦辞爻辞无所不包，看人如何用。程先生只说得一理。"④朱熹不赞同《程氏易传》，是因为程颐"只说得一理"，妨碍了《易》书无限义理的充分显现。朱熹赞同《程氏易传》，是因为程颐讲的这"一理"，十分精当而且服人。程颐只讲了《易》中一组义理，而朱熹要用占学方法讲出《易》中无穷义理。由此看来，朱《易》可说是程《易》的继承和发展。程、朱易学之不同，并非像有些学者理解的那样是义理派与象数派的不同，也不像有些学者理解的那样两者处于敌对状态。朱《易》与程《易》，就方法而言是不同的，就思想取向而言则是一脉相承的。

---

① 朱熹：《朱子全书》第一册《周易本义》，上海古籍出版社、安徽教育出版社2002年版，第46页。
② 同上注，第52页。
③ 李光地：《榕村语录》卷九，中华书局1995年版，第152页。
④ 黎靖德编：《朱子语类》卷六十七，中华书局1994年版，第1651页。

南宋董楷合程、朱《易》说为一体，成《周易传义附录》，有人问他："程子言理而不及卜筮，朱子则推本古圣人因卜筮教人之意，二者固不同矣。子比而同之，何耶？"董楷回答："楷闻之北溪陈氏曰：'《易》之起，原于象数。自象数之既形，则理又具于象数之中，而不可以本末二其体也。《易》之作，本于占筮。自占筮之既立，则理又寓于占筮之内，而不可以精粗二其用也。此正程子所谓体用一源、显微无间者。若偏于象占而不该夫理义，则孔子之意泯；一于理义而不及夫象占，则羲、文、周公之心亦几乎息矣。朱文公《本义》之书作，所以必表伏羲图象冠诸篇端，以明作《易》根源之所自来，一出于天之自然，而非人为智巧之私。又复古经传次序，推原四圣所以成书之本意。递相解释而惟占法之明，随人取决而无偏辞之滞，而天下义理为之磨刮精明，依然涵萃于其中，本末精粗，兼该俱举，近以补程传之所不足，而上以承四圣之心，所谓开物成务之大用，至是益又周备，而《易》道之盛，于此无余蕴矣。'又曰：'凡文公之说，皆所以发明程子之说，或足其所未尽，或补其所未圆，或白其所未莹，或贯其所未一，其实不离乎程说之中。必如是而后谓有功于程子，未可以优劣校之。'此楷区区纂集之意也。"①陈淳、董楷可谓深知程、朱易学之异同者。

回顾南宋以前的经学史，鲜见用占学方法解《易》者，故朱熹自豪地说："某之说《易》，所以与先儒、世儒之说皆不同，正在于此。"②宋元之际，朱熹的弟子、后学以及相关易学家，也多称朱熹易学为"象占之学"。

理解了占学方法，也就不难理解朱熹经常谈起的"《易》本义"。所谓《易》本义，是指《周易》卦爻之辞之象所内蕴的活泼、无形、变动着的本体即浑然之太极。这浑然太极，由于其内涵丰富到极致，反致无状无形，无声无臭，"不可用有底道理搜寻"，也很难用有限的语言文字固定下来。朱熹说过一个比喻，生动地道出用语言文字解《易》的局限性和负面作用。他说，《易》书就像烛笼，烛笼多一条竹骨，就障了一路

---

① 董楷：《周易传义附录》序，文渊阁《四库全书》本。
② 黎靖德编：《朱子语类》卷六十六，中华书局1994年版，第1629页。

明,如果尽去竹骨,使笼中烛光无阻挡地放射出来,那该多好!①

这就引发一个问题,即易学家如果想解释《易经》给人看,他应当怎么办?朱熹认为,前人没有解决好这个问题:"《易经》本为卜筮而作,皆因吉凶以示训诫,故其言虽约,而所包甚广。夫子作传,亦略举其一端,以见凡例而已。然自诸儒分经合传之后,学者便文取义,往往未及玩心全经,而遽执传之一端以为定说,于是一卦一爻仅为一事,而《易》之为用,反有所局,而无以通乎天下之故。若是者,熹盖病之。"②又说:"《易》最难看。其为书也,广大悉备,包涵万理,无所不有。其实是古者卜筮书,不必只说理,象数皆可说,将去做道家、医家等说亦有,初不曾滞于一偏。某近看《易》,见得圣人本无许多劳攘,自是后世一向乱说,妄意增减,硬要作一说以强通其义,所以圣人经旨愈见不明。且如解《易》,只是添虚字去迎过意来,便得。今人解《易》,乃去添他实字,却是借他做己意说了。又恐或者一说有以破之,其势不得不支离,更为一说以护吝之。说千说万,与《易》全不相干。此书本是难看底物,不可将小巧去说,又不可将大话去说。"③又:"《易》不须说得深,只是轻轻地说过。"④又:"《易》爻辞如签解。"⑤朱熹解《易》追求简易,不纠缠枝端末节,不过多推衍解释,只略陈条例义理大要,把更多空间留给读者。这种方法,与《系辞传》"书不尽言,言不尽意"之说暗契。朱熹依此方法写出的《周易本义》,成为易学史上少有的简易之作。

---

① 黎靖德编:《朱子语类》卷六十七,中华书局1994年版,第1655页。李方子录曰:"近赵子钦有书来云,某说《语》《孟》级详,《易》说却太略。譬之此烛笼,添得一条骨子,则障了一路明。若能尽去其障,使之统体光明,岂不更好!盖着不得详说故也。"
② 朱熹:《朱熹集》卷八十二《书临漳所刊易经后》,四川教育出版社1996年版,第4248页。
③ 黎靖德编:《朱子语类》卷六十七,中华书局1994年版,第1661页。
④ 同上。
⑤ 同上。

"先天学为易学纲领"与新道统说

在宋代儒学中，道统说是重要内容。朱熹对道统说所做的历史贡献，是推尊伏羲氏为道统圣王之首位，推本太极本体为道统心传之本原。这一做法与其易学思想之演进密切相关，具体而言，是与其易学新说"先天学为易学纲领"密切相关。过去曾流行一种说法，以为朱熹已将五经的权威地位完全移除，并将四书置于五经之上，现在看来，这种流行的意见是我们不能不放弃的了，因为奉伏羲为道统之首，其思想基础乃是以易学统领四书学，其潜台词乃是奉《周易》为经典之最。下面对朱熹"先天学为易学纲领"与新道统说之间的内在关系做一详细考论。

朱熹在淳熙二年（1175）发明读《易》的新方法即占学方法，随之开始注《易》，到淳熙四年（1177）完成《易传》草稿后，即陷入困境。他一方面深感"易中有象"："《易》象自是一法。如'离为龟'，则损、益二卦皆说龟。《易》象如此者甚多。"① 另一方面深感"象已失传"："卦中要看得亲切，须是兼象看，但象不传了。"② 于是陷入两难困境。为摆脱此困境，朱熹开始寻求新的解《易》路向，从而把目光转向北宋邵雍的先天之学。至迟在淳熙十二年（1185），他提出"先天学为易学纲领"，指认邵雍所传伏羲先天学是易学真谛。其后不久，他和易学家袁枢讨论《先天图》，赋诗曰："忽然半夜一声雷，万户千门次第开。若识无心涵有象，许君亲见伏羲来。"③ 提出"无心涵有象"。所谓"无心涵有象"，是说伏羲所画之两仪、四象、八卦，蕴含着无穷无尽的天地自然之理，乃是太极浑沦本体

---

① 黎靖德编：《朱子语类》卷六十六，中华书局1994年版，第1642页。
② 同上注，第1643页。
③ 朱熹：《朱熹集》卷三十八《答袁机仲》，四川教育出版社1996年版，第1686页。

的初步呈现，后世文王之《易》、周公之《易》、孔子之《易》，乃至王弼、程颐之《易》，都是继伏羲画卦之后，渐次显现浑沦太极之内容。出于对先天学和伏羲氏的尊崇，朱熹塑造了伏羲像，欲奉之于武夷精舍，率弟子时时参拜。①这一举动显示出，朱熹有把伏羲奉为儒学始祖之意。在此种思想背景下，他修改了《大学章句序》和《中庸章句序》。

朱熹首次为《大学章句》和《中庸章句》作序，是在淳熙四年（1177）。淳熙十五年（1188），他全面修订《章句》，助修者有蔡元定、黄榦、程端蒙、滕璘、滕珙、董铢等人。经此次修订，两《章句》已显得相当精审，遂于淳熙十六年（1189）正式序定。修改后的《中庸章句序》云："盖自上古圣神继天立极，而道统之传有自来矣。"②《大学章句序》云："此伏羲、神农、黄帝、尧、舜所以继天立极，而司徒之职、典乐之官所由设也。"③《大学章句》序定于二月，《中庸章句》序定于三月，《中庸章句序》中的"上古圣神"，显然即是《大学章句序》的伏羲、神农、黄帝、尧、舜。这两篇序文，把道统向上追溯到伏羲，是对道统说的重要发展。

道统观念由来已久。孟子首倡的大道传授之序为尧、舜、禹、皋陶、汤、伊尹、莱朱、文王、太公望、散宜生、孔子。唐代韩愈认为大道传授之序为尧、舜、禹、汤、文王、武王、周公、孔子、孟子。北宋石介列扬雄、王通、韩愈入道统。程颐认为其兄程颢得不传之学于遗经。南宋初年，有李元纲作《传道正统图》，认为大道传授之序为尧、舜、禹、汤、文王、武王、周公、孔子、颜子、曾子、子思、孟子、程颢、程颐。

孟子推崇的圣王系列，包括尧、舜、禹、皋陶、汤、伊尹，其中以尧为最古。然而，纵览五经，尧并不是儒者追溯的最古远的圣王。若依《系辞传》，在尧以前尚有伏羲、神农、黄帝三位圣王。孟子的道统说始于尧而不始于伏羲，可能由于当时《周易》在儒学中的地位比较低，影响比较小。也

---

① 《朱熹别集》卷六《答黄商伯》："所问《先天图》曲折甚善，细详图意，若自乾一横排至坤八，此则全是自然。故《说卦》云'易逆数也'，皆自已生以得未生之卦也。若如圆图，则须如此，方见阴阳消长次第。……《启蒙》改本未成，后便寄去。近塑得伏羲像，欲奉之武夷精舍，恨贤者不能一来观之耳。"据"《启蒙》改本未成"一句，知此信当写于淳熙十三年（1186）以后。
② 朱熹：《四书章句集注》，中华书局1986年版，第14页。
③ 同上注，第1页。

不排除其他可能性,例如《系辞》上下篇成书可能较晚,孟子未及见到。

两汉之交,《周易》在儒学中的地位迅速上升,于是有人把伏羲、神农、黄帝列入儒家圣王系统。例如,刘歆作《世经》,追溯古代帝王世次,即以伏羲为首。《世经》说:"《易》曰'炮牺氏之王天下也',言炮牺氏继天而王,为百王先。"① 指认伏羲为第一位圣王,伏羲之后,神农、黄帝、少昊、颛顼、帝喾、尧、舜、禹、汤、武王依次排列。

刘歆以伏羲氏为百王先,与他推崇《周易》的经学思想是一致的。班固的取自刘歆的《汉书·艺文志》,六经排列次序为《易》《书》《诗》《礼》《乐》《春秋》,云:"六艺之文,《乐》以和神,仁之表也;《诗》以正言,义之用也;《礼》以明体,明者著见,故无训也;《书》以广听,知之术也;《春秋》以断事,信之符也。五者盖五常之道,相须而备,而《易》为之原。……至于五学,世有变改,犹五行之更用事焉。"②《周易》在经典系统中这种"六经之首""五经之原"的地位,与伏羲氏在帝王谱系中"百王先"的地位,显得十分协洽。

到东汉,儒者隆重地推崇伏羲。《易纬乾凿度》假托孔子云:"方上古之时,人民无别,群物无殊,未有衣食器用之利,于是伏羲乃仰观象于天,俯观法于地,中观万物之宜,始作八卦,以通神明之德,以类万物之情。故《易》者,所以经天地,理人伦,而明王道。是故八卦以建,五气以立,五常以之行。象法乾坤,顺阴阳,以正君世父子夫妇之义。度时制宜,作网罟,以畋以渔,以瞻人用。于是人民乃治,君亲以尊,臣子以顺,群生和洽,各安其性。"③《白虎通》云:"古之时,未有三纲六纪,民人但知其母,不知其父……饥即求食,饱即弃余,茹毛饮血,而衣皮苇。于是伏羲仰观象于天,俯察法于地,因夫妇,正五行,始定人道。"④ 此时,伏羲和《周易》在儒学中的首要地位已经确立。

东汉之后,"《易》为五经之首""伏羲氏为百王之先"已成定论,而韩愈、李元纲等人整理的道统,仍沿袭孟子的始于尧舜的旧说,这在理

---

① 班固:《汉书》卷二十一《律历志》,中华书局1996年版,第1011页。
② 同上书卷三十《艺文志》,中华书局1996年版,第1723页。
③ 安居香山、中村璋八辑:《纬书集成》,河北人民出版社1994年版,第6页。
④ 陈立:《白虎通疏证》,中华书局1994年版,第50～51页。

论上当然是一种瑕疵。这瑕疵，历史性地由朱熹两《章句序》完成修补。经朱熹修订后的道统说，起首开列五位圣神及其次序，与《周易》所述完全一致，则朱熹修正道统说所依据的经典系统，已由孟子所据的《诗》《书》《礼》《乐》转为《易》《书》《诗》《礼》《乐》《春秋》，从而与东汉以来儒学经典系统协洽。

不过朱熹修订道统说的意义尚不止于此，因为它还涉及到南宋理学的一个根本性问题，即朱熹是尊崇五经，还是尊崇四书？

朱熹对当时的道统说，又做了另一修改，即列周敦颐于二程之前，最终构成如下所示系统：

伏羲…神农…黄帝…尧…舜…禹…汤…文、武…周公…孔子…曾子、子思…孟子…周子…二程子①

关于递相传授的内容，亦尝有说。《中庸章句序》云："盖自上古圣神继天立极，而道统之传有自来矣。其见于经，则'允执厥中'者，尧之所以授舜也；'人心惟危，道心惟微，惟精惟一，允执厥中'者，舜之所以授禹也。"②指称递相传授之内容，经历了从无文字到有文字，由四字诀再到十六字诀的由微至显的过程，其中四字诀和十六字诀属有文字的阶段，即"其见于经"者。

绍熙五年（1194）十二月，沧洲精舍落成，朱熹率诸生行释菜礼，祝文曰："恭惟道统，远自羲轩。集厥大成，允属元圣。述古垂训，万世作程。三千其徒，化若时雨。维颜曾氏，传得其宗。逮思及舆，益以光大。自时厥后，口耳失真。千有余年，乃曰有继。周程授受，万理一原。曰邵曰张，爰及司马。学虽殊辙，道则同归。"③推尊伏羲氏为道统之首。朱熹大弟子陈淳铺陈朱熹之意，说："粤自羲皇作《易》，首辟浑沦，神农、黄帝相与继天立极，而宗统之传有自来矣。尧、舜、禹、汤、文、武

---

① 朱熹于三位圣王，有时略神农、黄帝而独留伏羲。《朱熹集》卷六十《答李诚之》曰："特承寄示新刻《二先生词记》……先生之道，即伏羲、尧、舜、禹、汤、文、武、周公、孔、孟所传之道；先生之书，即所以发明六经孔孟之书，初非别有玄妙奇特，自为一家之说，而与古之圣贤异轨殊辙也。……近所刊定《大学章句》一通，今致几下。所欲言者，不能外此。"
② 朱熹：《四书章句集注》，中华书局1986年版，第14页。
③ 朱熹：《朱熹集》卷八十六《沧洲精舍告先圣文》，四川教育出版社1996年版，第4446页。

更相授受，中天地为三纲五常之主。皋陶、伊、傅、周、召又相与辅相，跻天下文明之治。孔子不得行道之位，乃集群圣之法作六经，为万世师，而回、参、伋、轲实得之。上下数千年无二说也。"①进一步明确"羲皇作《易》"为宗统之始。在朱熹师徒看来，后世儒学经典无不是"万理一原"之渐次展开，而伏羲氏"首辟浑沦"，画卦作《易》，则是"万理一原"之曙光初露。在此种观念下，全部经典，都可追原于伏羲之学。

宽泛地讲，朱熹整理和研究的儒学经典包括三部分内容，即五经、四书，以及北宋周敦颐、程颢、程颐、张载等诸子著作。关于这些经典之间的关系，朱熹曾有论述，一曰："四子，六经之阶梯。《近思录》，四子之阶梯。"②意味着六经的地位高于四书，四书的地位高于北宋诸子著作。二曰："上古之书莫尊于《易》，中古后书莫大于《春秋》。"③意味着《易》《书》《诗》《礼》《乐》诸书以《易》为尊，其后之书以《春秋》为大。④今以下表，表示朱熹的经典系统：

经　书	作者或编者
《易》	伏羲、文王、周公、孔子
︱	︱
《书》《诗》《礼》《乐》	周公、孔子等
︱	︱
《春秋》	孔子
︱	︱
《大学》《论语》《中庸》《孟子》	曾子、子思、孟子等
︱	︱
北宋诸子著作	周子、张子、二程等

---

① 陈淳：《北溪大全集》卷十五《师友渊源》，文渊阁《四库全书》本。
② 黎靖德编：《朱子语类》卷一〇五，中华书局1994年版，第2629页。
③ 同上书卷六十七，中华书局1994年版，第1659页。
④ 朱熹《易五赞·述旨篇》曰："昔在上古……乃生圣人……始画奇偶。……降及中古……穆穆文王……系此彖辞。……爰暨末流……大哉孔子……乃作象象，十翼之篇。"则伏羲在上古，文王、周公在中古，孔子以后为中古后。

由这张表可以看到，经典次序与圣贤次序吻合，构成富于逻辑性的道统。在这道统中，太极是最终根据，伏羲是最早圣王，《周易》是最高经典。

这里可以把刘歆和朱熹的做法作一比较。刘歆说伏羲氏"继天而王"，朱熹说伏羲氏"继天立极"，两人或着眼于政治制度，或着眼于道德哲学，皆凸显了伏羲氏和《周易》的地位。表现在经典系统上，即是刘歆倡言"《易》为五经之原"，朱熹倡言"上古之书莫尊于《易》"。由此看来，道统人物与经典系统乃是密不可分的。

有学者认为，在朱熹那里，五经的地位已低于四书。为论证朱熹已将四书置于五经之上，这些学者征引了朱熹《书临漳所刊四子后》的一段话："河南程夫子之教人，必先使之用力乎《大学》《论语》《中庸》《孟子》之言，然后及乎六经。盖其难易、远近、大小之序，固如此而不可乱也。"这段话被认为是朱熹重视四书乃至使其地位超过五经的证据。我们来看《书临漳所刊四子后》全文：

> 圣人作经，以诏后世，将使读者诵其文，思其义，有以知事理之当然、见道义之全体而身力行之，以入圣贤之域也。其言虽约，而天下之故，幽明巨细靡不该焉。欲求道以入德者，舍此为无所用其心矣。然去圣既远，讲诵失传，自其象数名物、训诂凡例之间，老师宿儒尚有不能知者，况于新学小生，骤而读之，是亦安能遽有以得其大指要归也哉？故河南程夫子之教人，必先使之用力乎《大学》《论语》《中庸》《孟子》之言，然后及乎六经。盖其难易、远近、大小之序，固如此而不可乱也。故今刻四古经，而遂及乎此四书者以先后之。且考旧文，为之音训，以便观者。又悉著凡程子之言及于此者，附于其后，以见读之之法，学者得以览焉。抑尝妄谓《中庸》虽七篇之所自出，然读者不先于《孟子》而遽及之，则亦非所以为

入道之渐也。因窃并记于此云。绍熙改元腊月庚寅，新安朱熹书于临漳郡斋。①

朱熹于淳熙十六年（1189）十一月改知漳州，绍熙元年（1190）四月抵郡，十月刊《易》《书》《诗》《春秋》四经，十二月又刊行四书，遂作此跋。梳理跋文要点，大致有四：第一，六经难读，四书易读。第二，程子教人，以六经为标的，以四书为阶梯。第三，既刊四经，复刊四书，是为辅助漳州子弟按序为学。第四，以程子之言附四书后，作为研读四书之一助。这篇三百余字的跋文，以六经为标的，以四书为进路，以程子之书为佐助，其思想与"四子，六经之阶梯。《近思录》，四子之阶梯"完全一致。②谓朱熹在为学次第上把四书置于六经之先则可，谓朱熹在价值判断上把四书置于六经之上则不可。

朱熹倡导的教育程序，是先小学，再四书，再《诗》《书》《礼》《乐》，③《易》和《春秋》似乎没有列入，但这绝无贬低《易》与《春秋》的意思。朱熹之意，《易》与《春秋》"非教人之书""是圣人事，非学者可及也"④。

综合上述讨论，朱熹不但把伏羲之学看作是易学之纲领，而且还把伏羲之学看作是四书学乃至整个儒学之纲领。六十岁以后，朱熹不断提到伏羲之学的重要性，其中以庆元四年（1198）《答吕子约》的话最具代表性，信中说："所论'《五帝纪》所取多古文《尚书》及《大戴礼》为主，为知所考信者'，然伏羲、神农见《易大传》，乃孔圣之言，而八卦

---

① 朱熹：《朱熹集》卷八十二《书临漳所刊四子后》，四川教育出版社1996年版，第4255页。
② 黄榦：《勉斋集》卷八《复李公晦书》："先《近思》而后四子，却不见朱先生有此语。陈安卿所谓'《近思》，四子之阶梯'，亦不知何所据而云。"然《书临漳所刊四子后》的思想与"《近思》，四子之阶梯"不悖，陈淳所记，不为无由。
③ 《朱文公易说》卷十八："人自有合读底书，如《大学》《语》《孟》《中庸》等书，岂可不读？此四书便知人之所以不可不学底道理，与其为学之次序。然后更看《诗》《书》《礼》《乐》。某才见人说看《易》，便知他错了，未尝识那为学之序。《易》自别是一个道理，不是教人底书。"
④ 朱鉴编：《朱文公易说》卷十八，文渊阁《四库全书》本。

列于六经，为万世文字之祖，不知史迁何故乃独遗而不录，遂使《史记》一书如人有身而无首，此尚为知所考信者邪？"[①]朱熹指责司马迁《五帝纪》不录伏羲，如"人有身而无首"，推广此意，由于伏羲和《易》的置于道统之首，朱熹的整个理学就如人身有首一样了。

---

① 朱熹:《朱熹集》卷四十八《答吕子约》，四川教育出版社1996年版，第2334页。

"《易》只是个空底物事"与《周易本义》卷首九图

朱熹四十六岁提出占学方法，随之写成《易传》。但是，用占学方法解《易》，遇到"《易》中有象"而"象已失传"的难题，这个难题迫使朱熹开辟解《易》的新路向，走向先天之学，提出"先天学为易学纲领""无心涵有象"两说。这两说进一步发展，遂有"《易》只是个空底物事"之说。"《易》只是个空底物事"，隐隐透出摆脱文字的倾向。朱熹晚年修定《周易本义》，卷首冠以九图，试图立图以尽意，当是此一倾向的表现。

在六十二岁之前某个时候，朱熹曾说："有如是之理，便有如是之象；有如是之象，便有如是之数；有理与象数，便不能无辞。《易》六十四卦，三百八十四爻，有自然之象，不是安排出来。"[①]由此指认无形的自然之理是有形之象的本原。六十二岁以后，则恒言"《易》只是个空底物事"，曰："《易》之为书，本为卜筮而作，然其义理精微，广大悉备，不可以一法论。盖有此理即有此象，有此象即有此数，各随问者意所感通。"（六十二岁）[②]曰："其它经，先因其事，方有其文。如《书》言尧、舜、禹、汤、伊尹、武王、周公之事，因有许多事业，方说到这里。若无这事，亦说不到此。若《易》只则是个空底物事，未有是事，预先说是理，故包括得尽许多道理，看人做甚事，皆撞着他。"（六十四岁后）[③]

[①] 黎靖德编：《朱子语类》卷六十七，中华书局1994年版，第1662页。此条为程端蒙录，程端蒙闻于淳熙六年（1179）以后，卒于绍熙二年（1191）。
[②] 朱熹：《朱熹集》卷五十六《答郑子上》，四川教育出版社1996年版，第2864页。
[③] 黎靖德编：《朱子语类》卷六十六，中华书局1994年版，第1631页。

曰:"'洁静精微'谓之《易》。《易》自是不惹着事,只悬空说一种道理,不似它书便各著事上说。所以后来道家取之与《老子》为类,便是老子说话也不就事上说。"(六十五岁后)① 曰:"看《易》,须是看他卦爻未画以前,是怎模样,却就这上见得他许多卦爻象数是自然如此,不是杜撰。且《诗》则因风俗世变而作,《书》则因帝王政事而作,《易》初未有物,只是悬空说出,当其未有卦画,则浑然一太极,在人则是喜怒哀乐未发之中,一旦发出,则阴阳吉凶,事事都有在里面。人须是就至虚静中见得这道理周遮通珑,方好。若先靠定一事说,则滞泥不通了。此所谓'洁静精微,《易》之教也'。"(七十岁)②

"《易》只是个空底物事"是朱熹对《易》书性质的新判断。此判断一出,其解《易》方法遂连带发生变化。朱熹试图越过言辞文字乃至卦画,直指"卦爻未画之前"的"浑然太极",直接"看他卦爻未画以前,是怎模样",从而把目光更多地投向北宋以来图书之学的诸多图式。《周易本义》卷首九图,就体现了这个意图。

明末清初,顾炎武、黄宗羲、黄宗炎、毛奇龄、胡渭等人不同意"以图解《易》"的做法。当时朱学立于学官,诸人不好正面冲撞朱学,于是想办法替朱熹开脱。他们有两个说法。第一个说法,是断言《易学启蒙》的主要作者是蔡元定。《易学启蒙》大张旗鼓地阐论易学图式,反映的是蔡元定的易学倾向,不代表朱熹的易学倾向,这就拉开了朱熹易学与易学图式的距离。第二个说法,是断言朱熹虽然早先曾研究易学图式,但是后来认识到易学图式之谬误,已经放弃。也就是说,朱熹早先虽然曾画制九图,但是在写《周易本义》注文时,并没有取九图作为根据,因此《周易本义》注文与九图不能相合。这两个说法影响不小。到雍正、乾隆年间,王懋竑撰写《周易本义九图论》,取两说而用,并且前跨一步,断言九图本来不是朱熹绘制,乃他人假托朱熹为之。王懋竑的理由主要有三:其一,九图与《易学启蒙》不合;其二,九图与《周易

---

① 黎靖德编:《朱子语类》卷六十七,中华书局1994年版,第1663页。
② 同上注,第1660页。

本义》注文不合；其三，朱熹一生讲论《易学启蒙》《周易本义》之语甚多，"而此九图未尝有一语及之"①。

事实上，种种迹象表明，《周易本义》卷首九图确为朱熹晚年亲手所定，王懋竑的断语是不能成立的。众多迹象中，当以陈淳《北溪大全集》卷二十二《答廖师子晦》第三书最有说服力，其中写道：

> 某特蒙惠《易本义》及卦图、《大学》议论，甚荷诲督不弃，铭佩何已。某向者庚申春首自考亭传《本义》来，前列诸图，如《伏羲八卦方位》，乾一在左方之上，兑二次之，离三又次之，而震四居其下，巽五居右方之上，坎六次之，艮七又次之，而坤八卦其下，与今所刊《本义》正同，但其中无"太极"字。《伏羲六十四卦方位》，左自乾一至震四，右自巽五至坤八，亦依前八卦方位，而正南之中注"夏至午中"，正北之中注"冬至子中"，正东之中注"春分卯中"，正西之中注"秋分酉中"，外无六十四卦名，而内为方图，与《启蒙》全同。窃谓此为定本，更不可易。……若今所刊《本义》六十四卦方位，以乾一八卦居东南，兑二八卦居正东，又蹉退了，不合自然之位。且以复居北之初隅，姤居南之初隅，则是十一月节气便为冬至，而五月节气便为夏至矣。又无方布，与图后说不相应，为误无疑。书坊所货《六经图》有《先天象图》，位次恰如此，注出康节，未必果康节，胡本其出此欤？后别换一版者，位次却是，而亦少有未当，如其中方布无卦名，亦可以证圆布之不必注卦名。其八卦界处须有小竖画以别之，又须注"乾一""兑二"等字于本位之中，及"冬至子中"等语于本方之中，一如《启蒙》乃善。②

陈淳字安卿，福建漳州人，生于南宋绍兴二十九年（1159），卒于南宋嘉定十六年（1223）。朱熹守临漳（漳州）时（1190～1191）始来问学。陈淳求学善于从本原处下功夫，得朱熹赞赏，数语以"南来吾道喜得陈淳"。陈淳在易学上深有造诣，朱彝尊《经义考》将其列为朱熹传《易》弟子之一。朱熹去世后，廖德明（字子晦）刊刻《周易本义》，

---

① 王懋竑：《朱熹年谱》附《朱子年谱考异》卷二，中华书局1998年版，第337页。
② 陈淳：《北溪大全集》卷二十二《答廖师子晦三》，第9页，文渊阁《四库全书》本。

将版样寄送陈淳校订，陈淳提出校订意见，写此信回复。信中对《周易本义》卷首易图有详细描述，是考证《周易本义》卷首九图的珍贵文献。其中最值得注意的是"某向者庚申春首自考亭传《本义》来，前列诸图"一句。所谓"庚申"，指南宋宁宗庆元六年（1200）庚申年，这年暮春三月初九日朱熹去世。在上一年即庆元五年的十一月中旬，陈淳和他的岳丈李唐咨到考亭问学，月余后返乡，时值庆元六年庚申年正月初五，即书信所谓的"庚申春首"。所谓"自考亭传《本义》来"，是说陈淳此番问学，顺便抄录《周易本义》携归。所谓"前列诸图"，是说陈淳抄录的《周易本义》，有数幅图式列于卷首。合并言之，"某向者庚申春首自考亭传《本义》来，前列诸图"，即是说朱熹在去世前两个月曾将《周易本义》稿本传授给陈淳，而在这堪称《周易本义》最后稿的卷首，就有易图数幅。廖德明把版样寄送陈淳校对，当是由于陈淳手里有可靠传本的缘故。《答廖师子晦》这封信足以证明，《周易本义》卷首诸图确实是朱熹亲手所定。

《周易本义》卷首九图之第九图为《卦变图》，从明末至今，顾炎武、黄宗羲、黄宗炎、胡渭、毛奇龄、王懋竑、白寿彝等学者认为，这张图存在理论问题，朱熹后来放弃了这张图，因此较晚成书的《周易本义》，其注文与这张图不合。然而仔细研究朱熹《卦变图》，可以发现该图是用二维图式表达多维卦变关系，一旦用网图恢复其多维关系，就会发现，《周易本义》注文与卷首《卦变图》符合若契，不存在不合的问题。下面就这一问题作一探讨。

顾炎武《日知录》曰："卦变之说不始于孔子，周公系损之六三已言之矣，曰'三人行则损一人，一人行则得其友'。是六子之变皆出于乾坤，无所谓自复、姤、临、遁而来者。当从《程传》。"[①]

黄宗羲著《易学象数论》，认为由卦之"反对"足以解释《象传》"往来倚伏之理"，不必另立卦变说。他认为，反向观察大畜卦，其上九爻变成无妄卦的初九爻，此爻自上来下，成为内卦（震）之主，这就是

---

① 顾炎武著，黄汝成集释：《日知录集释》，上海古籍出版社1985年版，第94～95页。

无妄卦《彖传》"刚自外来而为主于内"的来历。反向观察无妄卦，其初九爻变成大畜卦上九爻，此爻自下至上，这就是大畜卦《彖传》"刚上而尚贤"的来历。他批评朱熹《卦变图》说："朱子虽为此图，亦自知其决不可用，所释十九卦彖辞，尽舍主变之卦，以两爻相比者互换为变。讼则自遁（二、三相换），泰则自归妹（三、四相换），否则自渐（三、四相换），随则自困（初、二相换）、自噬嗑（五、上相换）、自未济（初与二、五与上相换），蛊则自贲（初、二相换）、自井（五、上相换）、自既济（初与二、五与上换），噬嗑则自益（四、五相换），贲则自损（二、三相换）、自既济（五、上相换），无妄则自讼（初、二相换），大畜则自需（五、上相换），咸则自旅（五、上相换），恒则自丰（初、二相换），晋则自观（四、五相换），睽则自离（二、三相换）、自中孚（四、五相换）、自家人（二与三、四与五相换），蹇则自小过（四、五相换），解则自升、升则自解（皆三、四相换），鼎则自巽（四、五相换），渐则自涣（二、三相换）、自旅（四、五相换），涣则自渐（二、三相换），凡十九卦而主变者二十有七，或来自一卦，或来自两卦、三卦，多寡不伦，绝无义例。就以其法推之，此十九卦中，朱子所举者亦有未尽。讼之自无妄（初、二相换）、自巽（三、四相换），随之自既济（三、四相换）……复得二十九卦，而兼之者不与焉。此二十九卦者以为有用乎？则为彖辞之所不及；以为无用乎？不应同一卦变，在一卦中其可以附会彖辞者从而取之，其不可以附会彖辞者从而置之。朱子云'某之说却觉得有自然气象'者安在也？……宜乎其说之不能归一也。"① 黄氏认为《周易本义》注文谈到卦变，都是用"两爻互换"，没有采用卷首《卦变图》的"凡一阴一阳之卦皆自复、姤而来"之类的规则，实际上这是黄氏用自己的"反对"模式去理解《周易本义》注文。基于此种理解，他认为《周易本义》注文与卷首《卦变图》"其说不能归一"。

胡渭附和黄宗羲对朱熹《卦变图》的批评，说："反对者经之所有，相生者经之所无也。……甚矣！此图（按，指《六十四卦相生图》）之

---

① 黄宗羲：《易学象数论》卷二，文渊阁《四库全书》本，第 20～22 页。

为赘疣也。"① 又说："邵子言'重卦不易者八，反复者二十八，以三十六变而为六十四'，卦变之义，数言尽之矣。据此以释《彖传》，亦足矣。李挺之《相生图》已伤烦碎，况朱子之所定乎？黎洲一一指摘，无微不彰……朱子欲以卦变附先天之后，当仍用李氏《反对图》，犹不失希夷本指。今乃据《相生图》以更定，其法烦碎甚于李氏，而及其释经也，则又舍反对之卦而泛泛焉以两爻相比者互换为变，往来上下，讫无定法，亦安用此图为也？"② 他认为朱熹知道自己的《卦变图》"烦碎甚于李氏"，故"及其释经也，则又舍反对之卦而泛泛焉以两爻相比者互换为变"，意思是说《周易本义》注文没有把《卦变图》作为依据。

清初批评朱熹者，还有毛奇龄。他和黄宗羲、胡渭一样，不欣赏朱熹《卦变图》，而立论角度稍有不同。毛奇龄著《仲氏易》《推易始末》，提出"推易说"。该说认为，文王、周公从聚阴聚阳之卦（如乾、坤、复、姤、临、观、泰、否、夬、剥）开始，"从而分移之"，移阳于阴，移阴于阳，推出其他诸卦，观其来龙去脉而立定卦名、写出卦辞爻辞。毛氏著《仲氏易》《推易始末》，都以发明"推易"为其宗旨。"推易说"的"由聚而散"生卦规则，与朱熹《卦变图》"只一爻互换转移"生卦规则，旨趣不尽相同，因此毛氏批评朱熹《卦变图》说："一阴一阳即五阴五阳，二阴二阳即四阴四阳，犹是此卦，而两下分属，终属不合。若三阴三阳竟可以泰否截然两分，如蛊、井、恒、丰、既济、贲、归妹、节、损九卦自当属泰，若属否则离位矣。噬嗑、随、益、涣、困、未济、渐、旅、咸九卦自当属否，若属泰则脱胚胎矣。而彼此溷列，青黄糅杂，所谓宜合不合，宜分不分者，此文公所以既为此图而每卦所注仍不用也。"③ 认为朱熹《卦变图》"一阴一阳之卦"与"五阴五阳之卦"重出，"二阴二阳之卦"与"四阴四阳之卦"重出，且"宜合不合""宜分不分"，数理不通。又说："注凡十九卦，惟讼卦与图相合。"④ 也认为《周易本义》

---

① 胡渭：《易图明辨》卷九，文渊阁《四库全书》本，第23页。
② 同上注，第37页。
③ 毛奇龄：《推易始末》卷三，文渊阁《四库全书》本，第10页。
④ 同上。

注文没有采用《卦变图》作依据。

清代中期，王懋竑相信诸人"《本义》注文与卷首《卦变图》不合"的判断，而试图为朱熹开脱，但他对象数缺乏深入研究，不能正面反驳众人诘难，于是别出心裁，说卷首九图原本就不是朱熹所作。其《朱子年谱考异》卷二断言："《易本义》九图，非朱子之作也，后之人以《启蒙》依仿为之，又杂以己意，而尽失其本指者也。……九图之不合于《本义》《启蒙》者多矣。"① 王氏认为，"不合"的表现之一就是："《卦变图》，《启蒙》详之，盖一卦可变为六十四卦，《象传》卦变，偶举十九卦以为说尔。今图卦变，皆自复、姤、临、遁等十二辟卦而来，以《本义》考之，惟讼、晋二卦为合，余十七卦，则皆不合，其为谬妄尤为显然，必非朱子之旧明矣。"② 至此，批评朱熹和维护朱熹的学者，都不约而同地采用"《本义》注文与卷首《卦变图》不合"作为证据，来否定《周易本义》卷首九图与朱熹的关系。

20世纪30年代，白寿彝作《〈周易本义〉考》，对王氏的"《本义》注文与《卦变图》不合"作详细疏证，抄录如下：

"一卦可变为六十四"，《启蒙·考变占》中之图固如此，《本义》卷七也说过类似的话。今《卦变图》以卦变皆自复、姤、临、遁等卦来，此不合《本义》本书者一。而：（1）《本义》释讼卦说："且于卦变，自遁而来。"今图亦以讼自遁而来。（2）《本义》释随卦说："以卦变言之，本自困卦，九来居初；又自噬嗑，九来居五；而自未济来者，兼此二变。"今图则以随自否、泰而来。（3）《本义》释蛊卦说："谓卦变自贲来者，初上二下；自井来者，五上二下；自既济来者，兼之。"今图则此蛊自否、泰而来。（4）、（5）、（6）《本义》释临卦"至八月有凶"，说："八月，谓自复卦一阳之月，至于遁卦二阴之月，阴长阳遁之时也。或曰：八月，谓夏正八月，于卦为观，亦临

---

① 王懋竑：《朱熹年谱》附《朱子年谱考异》卷二，中华书局1998年版，第337页。
② 同上注，第339页。

之反对也。"此谓临可变为复、遁或观,也可说复、遁、观于卦变上,自临而来。今图亦以观自临而来,而以复自剥而来,遁自大壮而来。(7)《本义》释贲卦说:"卦自损来者,柔自三来而文二,刚自二上而文三;自既济而来者,柔自上来而文五,刚自五上而文上。"今图则贲自泰、否而来。(8)《本义》释《无妄》说:"为卦自讼而变,九自二来而居于初。"今图则以无妄自遁、大壮而来。(9)《本义》释大畜说:"以卦变言,此卦自需而来,九自五而上。"今图则以大畜自遁、大壮而来。(10)、(11)、(12)《本义》于颐、咸、恒之卦变未加说明。今图以颐卦自临、观而来,咸、恒自否、泰而来。(13)《本义》释晋卦说:"又其变自观而来。"今图以晋自观、临而来。(14)《本义》释睽说:"以卦变言之,则自离来者,柔进居三;自中孚来者,柔进居五;自家人来者,兼之。"今图以睽自遁、大壮来。(15)《本义》释蹇说:"又卦自小过而来。"今图以蹇自临、观来。(16)《本义》释解说:"且其卦自升来。"今图以解自临、观来。(17)《本义》释升说:"卦自解来。"今图以升自临、观来。(18)《本义》释鼎说:"卦自巽来。"今图鼎自遁、大壮来。(19)《本义》释涣说:"其变则本自渐卦。"今图以涣自泰、否来。这十九卦,除了讼、晋、观三卦,今图与《本义》合,颐、咸、恒之卦变无明文见于《本义》者外,余皆不合。王懋竑所谓有"惟讼、晋二卦为合,余十七卦皆不合",大致属实。此《卦变图》不合《本义》者二。《卦变图》如系朱熹原作,决不能使一冠于全书卷首的提挈纲要之图,和本书间有这样大的歧异。①

白寿彝认为,《周易本义》注文与卷首《卦变图》存在两项"不合"。第一项不合,是《周易本义》注文曾提到"一卦可变为六十四卦",此语与《易学启蒙》合,而与《卦变图》之诸卦皆自复、姤、临、遁等卦来

---

① 白寿彝:《〈周易本义〉考》,原载《史学集刊》第一期(1936年),收于《周易研究论文集》第三辑,北京师范大学出版社1990年版。

不合。这个观点，其实混淆了《易学启蒙》的《变占图》与《周易本义》的《卦变图》，是初学者级别的错误，应首先予以澄清。①

我们把《周易本义》的《卦变图》与《易学启蒙》的《变占图》做比较，就会发现二者根本不同。首先，两图的目的与作用不同。前者是为了解说《象传》"刚柔上下""大小往来"之义而制作，后者是乾卦之"用九"，坤卦之"用六"的展开，是为了确定占筮之时当取哪一爻之爻辞而制作。前者用以解决"成卦之由"亦即某卦从何而来的问题，后者用以解决"变占之法"亦即占得一卦后应查看哪一爻的问题。其次，两图的规则和结构不同。《卦变图》的规则是"邻爻互换转移"，其图结构，是把乾坤以外的六十二卦按"一阴一阳""二阴二阳""三阴三阳""四阴四阳""五阴五阳"分成五组，每组中各卦的阴爻、阳爻数皆相等，每卦出现两次。《变占图》的规则是"渐次爻变"，其图结构，是先分成三十二大组，每大组六十四卦，又各按"无爻变""一个爻变""二个爻变""三个爻变""四个爻变""五个爻变""六爻全变"将每大组分成七小组，每卦出现三十二次。《变占图》最应注意的特点，是每小组中各卦的阴阳爻数不一定相等，例如姤卦第二小组有五卦，都由姤卦"一个爻变"而得，即姤卦初六变得乾卦，九二变得遁卦，九三变得讼卦，九四变得巽卦，九五变得鼎卦，上九变得大过卦。其中乾卦六爻皆阳，其余各卦四阳二阴，各卦阴爻阳爻数不同。其他各组的情况与此类似。从作用、目的、卦图规则、卦图结构等几个方面来看，两图显然不可混为一谈。

朱熹从来没有混同两图，他的门人弟子也清楚两图的分别。黄士毅类次朱熹语录，编《朱子语类》，把《卦变图》归入"卦体卦变"类目下，把《变占图》归入"卜筮"类目下，就区分得清楚。《朱子语类》"卦体卦变"类目在卷六十七，其中有这样的语录："伊川不取卦变之说。

---

① 关于这一问题，余敦康、萧汉明等已有论述，余文见《朱熹〈周易本义〉、〈易学启蒙〉象数之学述评》(《象数易学研究》第三辑)，萧文见《〈周易本义〉导读》一书（齐鲁书社2003年版）之导读部分。

至'柔来而文刚''刚自外来而为主于内',诸处皆牵强说了。王辅嗣卦变,又变得不自然。某之说却觉得有自然气象,只是换了一爻。"① 又:"卦有两样生:有从两仪四象加倍生来底;有卦中互换,自生一卦底。互换成卦,不过换两爻。"② 所谓"只是换了一爻""不过换两爻",都是指相邻阴阳二爻互换位置。"卦有两样生",表明《卦变图》讲的是"成卦之由"。《朱子语类》"卜筮"类目在卷六十六,有这样的语录:"贞是事之始,悔是事之终。贞是事之主,悔是事之客。贞是在我底,悔是应人底。三爻变,则所主不一,以二卦彖辞占,而以本卦为贞,变卦为悔。六爻俱不变,则占本卦彖辞,而以内卦为贞,外卦为悔。凡三爻变者有二十卦,前十卦为贞,后十卦为悔。后十卦是变尽了,又反来。有图,见《启蒙》。"③ 所谓"有图",即《易学启蒙》之《变占图》。贞、悔、外、内、本卦、变卦等术语,均见《启蒙·考变占》。这段语录讲的是"变占之法"。《周易本义》讲解"成卦之由"的文字,主要集中在卦辞注和《彖传》注中;讲解"变占之法"的文字,主要集中在《系辞传》之注。《系辞上传》第九章注:"谓已成六爻,而视其爻之变与不变以为动静,则一卦可变而为六十四卦以定吉凶,凡四千九十六卦也。"④ 讲的是《变占图》的"变占之法",而非《卦变图》的"成卦之由"。白寿彝用《系辞上传》讲"变占之法"的注文否定卷首《卦变图》讲"成卦之由"的图式,是混淆了《变占图》与《卦变图》。

白寿彝指出的第二项不合,是认为《周易本义》解释讼卦、随卦等十九卦卦辞及《彖传》,没有使用《卦变图》的卦变法。笔者要指出,这个由黄宗羲、毛奇龄、王懋竑等人前后相沿的看法,其实是一个误读。误读的原因,是不知道朱熹《卦变图》乃用二维图式表达多维内容。《周易本义》卷首所载《卦变图》如下(原图自右至左,此按自左

---

① 黎靖德编:《朱子语类》卷六十七,中华书局1994年版,第1666页。
② 同上。
③ 黎靖德编:《朱子语类》卷六十六,中华书局1994年版,第1637页。
④ 朱熹:《朱子全书》第一册《周易本义》,上海古籍出版社、安徽教育出版社2002年版,第131页。

至右）：

凡一阴一阳之卦各六，皆自复、姤而来（五阴五阳，卦同图异）：

剥	夬
比	大有
豫	小畜
谦	履
师	同人
复	姤

凡二阴二阳之卦各十有五，皆自临遁而来（四阴四阳，卦同图异）：

颐	蒙	艮	晋	观	大过	革	兑	需	大壮
屯	坎	蹇	萃		鼎	离	睽	大畜	
震	解	小过			巽	家人	中孚		
明夷	升				讼	无妄			
临					遁				

凡三阴三阳之卦各二十，皆自泰否而来：

| 损 | 贲 | 噬嗑 | 益 | 蛊 | 未济 | 涣 | 旅 | 渐 | 否 |
| 节 | 既济 | 随 | | 井 | 困 | | | 咸 | |

"《易》只是个空底物事"与《周易本义》卷首九图

归妹　丰　　　　　恒

泰

咸　困　井　恒　随　既济　丰　节　归妹　泰

旅　未济　蛊　　　噬嗑　贲　　　损

渐　涣　　　　　益

否

凡四阴四阳之卦各十有五，皆自大壮、观而来（二阴二阳，图已见前）：

大畜　睽　中孚　离　家人　无妄　鼎　巽　讼　遁

需　兑　　　革　　　大过

大壮

萃　蹇　小过　坎　解　升　屯　震　明夷　临

晋　艮　　蒙　　　　颐

观

凡五阴五阳之卦各六，皆自夬、剥而来（一阴一阳，图已见前）：

大有　小畜　履　同人　姤　比　豫　谦　师　复

夬　　　　　　　剥

此图有五个特点：第一，"只一爻互换转移"。即从下至上，从左至右，相邻两卦总是交换上下相邻的一对阴阳爻。第二，囊括每一对相邻阴阳爻互换转移的所有可能。六十四卦中阴爻与阳爻毗邻的情况甚多，每对毗邻的阴阳两爻交换位置都能使所在卦变为另一卦，朱熹《卦变图》将之囊括无遗。第三，自下至上、自左至右为某卦生某卦次序，此次序不能倒转。例如恒卦为三阴三阳之卦，见于"自泰卦而来"一组卦图，亦见于"自否卦而来"一组卦图。由"自泰卦而来"一组观之，位于恒卦左方者为丰卦，故恒自丰来（丰卦初九上升为九二）。由"自否卦而来"一组观之，位于恒卦左方者为井卦，故恒自井来（井卦六四上升为六五）。这两种可能性对等，故恒卦既可以来自丰卦，也可以来自井卦。至于具体来自哪一卦，要依照《彖传》传文确定。《彖传》解释恒卦卦辞曰："刚上而柔下。"于是《周易本义》注曰："以卦变言刚上柔下之义，曰恒自丰来，刚上居二，柔下居初也。"① 又例如，蛊卦也是三阴三阳之卦，由"自泰卦而来"一组观之，刚上而柔下，蛊由贲、井、既济卦来；由"自否卦而来"一组观之，柔上而刚下，蛊由未济卦来。由于《彖传》解释蛊卦卦辞曰："刚上而柔下。"故《周易本义》注曰："刚上柔下，谓卦变自贲来者，初上二下；自井来者，五上上下；自既济来者兼之。"② 由于自下而上、从左至右的单向序列不可倒转，因此每卦在《卦变图》中必须出现两次，看似重复，实则各有其义。第四，接续相生。从根本上说，一阳之卦皆从复、剥二卦变来，然具体而论，则师卦自复卦或谦卦来，谦卦自师卦或豫卦来，豫卦自谦卦或比卦来，比卦自豫卦或剥卦来，师、谦、豫、比诸卦并不是直接来自复、剥二卦。第五，用二维图式表达多维关系。执实际卦变以观图，可知《卦变图》中与"恒、井、蛊"相邻的不是它左边的"益"，而应当是"丰、既济、贲"。依此类推，"咸、旅"与"困、未济"，"益、噬嗑、随"与"涣、未济、困"，"损、节"与"贲、既济"，"革、离"与"兑、睽"，"大过、鼎"与

---

① 朱熹：《朱子全书》第一册《周易本义》，上海古籍出版社、安徽教育出版社 2002 年版，第 98 页。
② 同上注，第 47 页。

"革、离""蒙、坎"与"艮、蹇""颐、屯"与"蒙、坎"等，本来都是相邻关系，这个相邻关系在二维图中却难以体现。这是因为，卦变关系是多维的，用二维图式表达之，比较困难，于是不得不把原本是相邻关系的两列卦分隔开来。如果改用网图，则不但能够表达出所有的相邻关系，且比二维图更显清晰。仅以"三阴三阳之卦皆自否泰而来"卦图为例，转换成网图如下：

凡三阴三阳之卦各二十，皆自否泰而来：

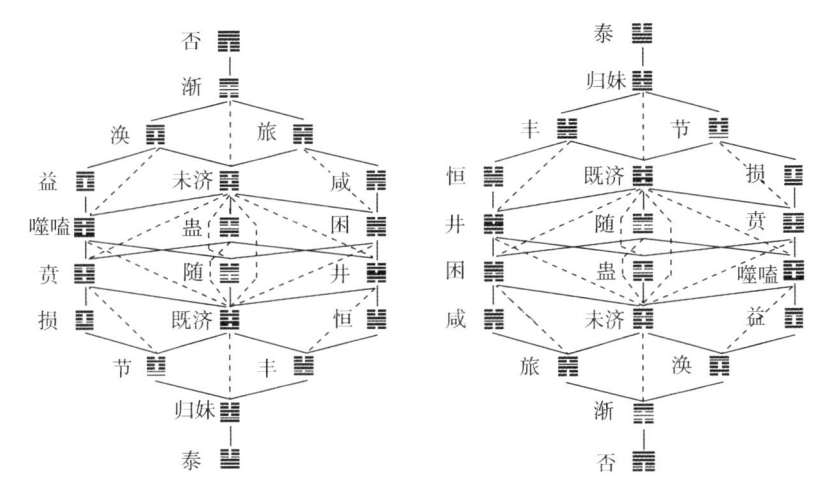

图中自下而上为生卦方向，连线为生卦关系，其中实线表示只有一对毗邻阴阳爻交换位置而生另一卦的生卦关系，虚线表示有两对或两对以上毗邻阴阳爻交换位置而生另一卦的生卦关系。①"泰卦组"一图，阳爻皆上行，阴爻皆下行，为"刚上柔下"者。"否卦组"一图，阴爻皆上升，阳爻皆下行，为"刚下柔上"者。"一阴一阳之卦""二阴二阳之卦""四阴四阳之卦""五阴五阳之卦"卦变图都可以转换成这种网图，此处略。

《周易本义》卦辞注文和《彖传》注文，言及卦变者凡十九卦，其中

---

① 《朱文公易说》卷二十二《答王遇》："卦变独于《彖传》之词有用，然旧图亦未备，尝修定。今写去，可就空处填画卦爻。而以《彖传》考之，则卦所从来，皆可见矣。然其间亦有一卦从数卦而来者，须细考之，可以见《易》中象数，无所不通。不当如今人之拘滞也。"

泰、否、蛊、随、噬嗑、贲、咸、恒、渐、涣十卦为三阴三阳之卦。三阴三阳之卦，由"刚上柔下"变来者为：

否卦卦辞"大往小来"注："自渐卦而来，则九往居四，六来居三也。"①

蛊卦《彖传》"刚上而柔下"注："以卦变释卦名义。"②卦辞注："卦变自贲来者，初上二下；自井来者，五上上下；自既济来者兼之。"③

贲卦《彖传》"柔来而文刚"注："以卦变释卦辞。"④卦辞注："卦自损来者，柔自三来而文二，刚自二上而文三；自既济来者，柔自上来而文五，刚自五上而文上。"⑤

恒卦《彖传》"刚上而柔下"注："以卦变言刚上柔下之义，曰恒自丰来，刚上居二，柔下居初也。"⑥

渐卦《彖传》"进得位，往有功也""进以正，可以正邦也"注："以卦变释'利贞'之意。盖此卦之变，自涣而来，九进居三；自旅而来，九进居五。皆为得位之正。"⑦

这些卦，应查看《卦变图》之"泰卦组"网图，看其由何卦变来。查"泰卦组"网图：否卦自渐卦来，蛊卦自贲、井、既济卦来，贲卦自既济、损、节卦来，恒卦自丰卦来，渐卦自旅、涣、未济卦来。上引《周易本义》注文所言某卦自某卦来者，都在《卦变图》范围内。

三阴三阳之卦中，由"刚下柔上"变来者为：

泰卦卦辞"小往大来"注："自归妹来，则六往居四，九来居三也。"⑧

---

① 朱熹：《朱子全书》第一册《周易本义》，上海古籍出版社、安徽教育出版社2002年版，第42页。
② 同上注，第94页。
③ 同上注，第47页。
④ 同上注，第95页。
⑤ 同上注，第50页。
⑥ 同上注，第98页。
⑦ 同上注，第102页。
⑧ 同上注，第41页。

随卦《象传》"刚来而下柔"注:"以卦变释卦名义。"①卦辞注:"以卦变言之,本自困卦,九来居初;又自噬嗑,九来居五;而自未济来者,兼此二变。"②

噬嗑卦《象传》"柔得中而上行"注:"以卦变释卦辞。"③卦辞注:"本自益卦,六四之柔上行以至于五,而得其中。"④

咸卦《象传》"柔上而刚下"注:"以卦变言柔上刚下之义,曰咸自旅来,柔上居六,刚下居五也。"⑤

涣卦《象传》"刚来而不穷,柔得位乎外而上同"注:"以卦变释卦辞。"⑥卦辞注:"其变则本自渐卦,九来居二而得中,六往居三得九之位,而上同于四。"⑦

这些卦,应查看《卦变图》之"否卦组"网图,看其由何卦变来。查"否卦组"网图:泰卦自归妹卦来,随卦自困、噬嗑、未济卦来,噬嗑卦自益、未济、涣卦来,咸卦自旅卦来,涣卦自渐卦来。上引《周易本义》注文所言某卦自某卦来者,都在《卦变图》范围内。

因此,转换为网图后,可以看到,《周易本义》注文并不像白寿彝疏证的那样"与《卦变图》不合",而是符合若契。

白寿彝的疏证,还隐藏着一项"不合",即以为《卦变图》诸卦皆直接由乾、坤、复、姤、临、遁、泰、否、大壮、观、夬、剥变来,而《周易本义》注文则否。白氏之说,是仅就《卦变图》"一阴一阳之卦皆自复、姤而来""二阴二阳之卦皆自临、遁而来""三阴三阳之卦皆自泰、否而来""四阴四阳之卦皆自大壮、观而来""五阴五阳之卦皆自剥、夬而来"等语的字面意思理解《卦变图》,而未曾深考《卦变图》"接续相生"之义。从网图可以看出,每组卦确有一最初根源(如"泰卦组"之

---

① 朱熹:《朱子全书》第一册《周易本义》,上海古籍出版社、安徽教育出版社2002年版,第94页。
② 同上注,第46页。
③ 同上注,第95页。
④ 同上注,第49页。
⑤ 同上注,第98页。
⑥ 同上注,第103页。
⑦ 同上注,第83页。

泰卦，"否卦组"之否卦），但中间诸卦，却不是由根源卦直接生得，而要通过接续相生得到。

综上所述，《周易本义》注文与卷首《卦变图》原本是符合若契的，黄宗羲、胡渭、毛奇龄、王懋竑、白寿彝等人认为两者不合，乃是由于对《卦变图》的多种误读。第一种误读，是混淆《卦变图》与《变占图》。第二种误读，是不知《卦变图》用二维图式表达多维关系。第三种误读，是不知《卦变图》接续相生之义。这些误读，实属象数学中不应出现的基础性错误，应当予以澄清。

前文曾提到，王懋竑怀疑九图非朱熹作，外部原因是由于顾炎武、黄宗羲、黄宗炎、毛奇龄、胡渭等人对朱熹象数学的攻击，而内部原因则是不认为卷首九图在朱熹易学中有何重要意义，进一步说，是不认为朱熹易学在其理学思想体系中有何重要意义。实际上，朱熹晚年亲定九图，与其"《易》只是个空底物事"思想有密切的关系，乃是其晚年思考太极本体所留下的"立象尽意"之作，包含着非常重要的观念在内，这个观念在其整个理学思想体系中的地位关键而重要，应当引起充分重视。

王弼易学对朱熹的影响

至迟从南朝刘宋开始，到南宋年间，王弼《周易注》一直立于官学，深刻影响了这一漫长时期易学的发展和演变，也深刻影响了这一漫长时期中国社会的思想和文化，因而关于王弼易学与程朱易学之关系的研究，可说是易学史研究的关键。过去，有些学者也承认朱熹源于程颐，程颐源于王弼，而一旦具体讨论时，王、程之间便掺入了儒道之争，程、朱之间便掺入了象数义理之争，问题就变得复杂起来。由于这样的缘故，学界对三家易学之差异性的讨论较多和较为具体，而对三家易学之共同点的陈述尚较少。以下将尝试搜寻王、程、朱三家易学一贯的精神实质或共同内核，同时提出这样的问题，即王弼易学是否可能不经过程颐而直接影响到朱熹？如果可能，它是如何实现的？讨论显然应当从王弼易学开始。

王弼字辅嗣，生于魏文帝黄初七年（226），卒于魏废帝齐王芳嘉平元年（249）。王弼以注释《老子》和《周易》闻名于世，易学著作有《周易注》《周易略例》《周易大演论》等。根据王葆玹先生研究，王弼易学由于继承了汉代古文经学的某些因素而具有条例义理化的特点，由于接受了老庄哲学的影响而具有形上本体化的特点，同时，它一反汉代易学之"多参天象"，转而"全释人事"，借用人事关系剖析易卦固有的结构和属性，从而揭示卦爻辞和来历，因而又是具有内在性的。这样的易学，可称为性理易学。

首先看王弼易学条例义理化的特点。王葆玹先生指出，从刘歆到贾逵，再到西晋的杜预，古文经学有一个条例不断增多以至泛滥的历史。当其发展到三国时期，已呈现出这样的趋向，即《春秋》左氏学的条例日益增多，扩充到古文经学的易学、礼学当中，从而使古文经学全面地条例化或义理化。这种学问兼有史学和哲学的性格，它忠实于经书的文字内容，从中归纳出许多律则和笔法，这从研究途径看是史学的，从研究结果看又是哲学的。至于经学当中诉之信仰的、近似于宗教的内容，都被这种诉诸逻辑的条例义理之学掩盖了。当时，孙炎著有《周易例》，王肃可能也有《周易例》之作，王弼则撰写了《周易略例》。《周易略例》的写作，是王弼易学条例义理化最直接的标志。

《周易略例》是王弼为《周易》发凡起例而撰。现存《周易略例》篇章依次为《明彖》《明爻通变》《明卦适变通爻》《明象》《辩位》《略例下》《卦略》等，其中《明彖》阐论卦之大义，《明爻通变》《明卦适变通爻》阐论爻之大义，《辩位》阐论位之大义，《明象》阐论象之大义，《略例下》兼论以上诸义，《卦略》则举出若干实例，讲明诸义的具体运用，很像今日数学课的例题。

以《明彖》为例，可以大致得见《周易略例》条例义理之学的特点。《明彖》统论一卦之体，提出"物无妄然，必由其理""品制万变，宗主存焉"，意味着纷然杂陈的万事万物背后必有其简约规律和法则，六十四卦三百八十四爻错综复杂关系的背后也必有某些简约的条例，把握这些条例，就可以做到繁而不乱、变而不惑、约以存博、简以济众，从而提纲挈领地把握一卦之大义。在《明彖》中，脱胎于汉代象数学的"卦主"被认为是关于"一卦之体"的条例之一而受到特殊重视。文中先推出卦主条例，曰："六爻相错，可举一以明也。刚柔相乘，可立主以定也。"然后指出卦主条例两个主要原则，一曰中位原则："杂物撰德，辩是与非，则非其中爻，莫之备矣。"一曰多寡原则："一卦五阳而一阴，则一阴为之主矣；五阴而一阳，则一阳为之主矣。"① 根据这两个原则，一卦六爻当中，可能有某一爻成为全卦结构的重点，把握这一爻就可以把握全卦的基本特征。《略例下》又补充说："凡彖者，统论一卦之体者也。……

---

① 以上引文，见王弼著，楼宇烈校释：《王弼集校释》，中华书局1980年版，第591页。

故履卦六三，为兑之主，以应于乾；成卦之体，在斯一爻，故象叙其应，虽危而亨也。""凡彖者，通论一卦之体者也。一卦之体必由一爻为主，则指明一爻之美以统一卦之义，大有之类是也。"① 文中确定履卦六三爻、大有卦六五爻为各自的卦主，称履卦六三为"成卦之主"，大有卦六五为"主卦之主"。合观《明彖》和《略例下》，卦主条例包含"中位原则""多寡原则""成卦之主""主卦之主"等名目。

王弼《周易注》大量应用卦主条例。例如，观卦九五爻注："居于尊位，为观之主。"② 贲卦六五爻注："处得尊位，为饰之主，饰之盛者也。"③ 剥卦六五爻注："处剥之时，居得尊位，为剥之主者也。"④ 无妄卦九五爻注："居得尊位，为无妄之主者也。"⑤ 大畜卦六五爻注："五处得尊位，为畜之主。"⑥ 坎卦九五爻注："为坎之主。"⑦ 恒卦六五爻注："居得尊位，为恒之主。"⑧ 遁卦六二爻注："居内处中，为遁之主。"⑨ 益卦九五爻注："得位履尊，为益之主者也。"⑩ 夬卦九四爻注："五为夬主。"⑪ 涣卦九五爻注："为涣之主。"⑫ 节卦九五爻注："当位居中，为节之主。"⑬ 未济卦六五爻注："以柔居尊，处文明之盛，为未济之主。"⑭ 颐卦上九爻注："以阳处上，而履四阴，阴不能独为主，必宗于阳也。"⑮ 蒙卦《彖传》注："二为众阴之主也。"⑯ 蹇卦九三爻注："为下卦之主，是内之所恃也。"⑰ 师卦九二爻注：

---

① 以上引文，见王弼著，楼宇烈校释：《王弼集校释》，中华书局1980年版，第615页。
② 王弼著，楼宇烈校释：《王弼集校释》，中华书局1980年版，第317页。
③ 同上注，第328页。
④ 同上注，第333页。
⑤ 同上注，第344页。
⑥ 同上注，第349页。
⑦ 同上注，第364页。
⑧ 同上注，第380页。
⑨ 同上注，第383页。
⑩ 同上注，第430页。
⑪ 同上注，第435页。
⑫ 同上注，第510页。
⑬ 同上注，第513页。
⑭ 同上注，第533页。
⑮ 同上注，第353页。
⑯ 同上注，第240页。
⑰ 同上注，第412页。

"承上之宠，为师之主。"① 晋卦六五爻注："柔得尊位，阴为明主，能不用察，不代下任也。"② 这些卦主，有些根据"中位原则"确定，有些根据"多寡原则"确定，有些则兼用"中位原则"和"多寡原则"确定。它们有些属于"成卦之主"，有些属于"主卦之主"，或兼具两种身份。

类似"卦主"这样的条例，大大小小地分布在王弼易注里，构成了条例义理的系统。考察整个条例义理系统，能够看到诸条例有着深浅的不同，可分成若干层次。在这系统中，小的条例之间可能呈现并列关系，而大的条例与小的条例之间则大多呈现某种包含统摄的关系。例如卦主条例和两体条例几乎是并列的，爻之比、应、承、乘等条例也是并列的，而卦主条例和两体条例的地位则高于爻之比、应、承、乘等条例，呈现出统摄与被统摄的关系。

在王弼看来，这内容丰富的条例义理系统应当有一根本统摄者，他说："夫众不能治众，治众者，至寡者也。夫动不能制动，制天下之动者，贞夫一者也。故众之所以得咸存者，主必致一也；动之所以得咸运者，原必无二也。"③ 大大小小的条例都属于"众"，它们不能互治，需要有一"至寡"者统摄它们，而使"众之所以得咸存""动之所以得咸运"的"至寡"者，即是"无"，亦即太极。太极是至约的、至极的义理，是条例义理系统的最终统摄者和最终根据。

王弼的太极思想，主要见于《周易大演论》。《周易大演论》全文已不得见，仅韩康伯《系辞传》注文和《春秋谷梁传》庄公三年杨士勋疏等文献中尚存部分佚文。韩注引王弼《周易大演论》曰：

> 演天地之数，所赖者五十也。其用四十有九，则其一不用也。不用而用以之通，非数而数以之成，斯易之太极也。四十有九，数之极也。夫无不可以无明，必因于有，故常于有物之极，而必明其所由之宗也。④

---

① 王弼著，楼宇烈校释：《王弼集校释》，中华书局1980年版，第256页。
② 同上注，第393页。
③ 同上注，第591页。
④ 同上注，第547页。

据《系辞传》记载的大衍筮法可知，筮者平时应当置备蓍草五十茎，以备占筮之用，而当占筮时，却只可使用其中四十九茎，此即"虚一不用"。假若忘记了"虚一不用"，拿全部五十茎蓍草演算，将不能得到符合要求的挂扐之策以及过揲之策，蓍草的功用将不能正常发挥。对"大衍"和"虚一"，京房、马融、荀爽、郑玄等人各有解释，大体是用天象、日辰、四时、五行、八卦、节气等具体事物杂凑附会为说。王弼则独创新解，把话题引向了精湛的哲学沉思。王弼认为，"虚一"象征《易》之太极，太极自身不表现为"用"，不表现为"数"，而四十九策却因太极之存在而得以施展其"用"，得以成就其"数"，此即"不用而用以之通，非数而数以之成，斯易之太极也"。太极不具有现象界诸物的种种属性，不与现象界众物并立，故可称为"无"，它不能自己呈现自己，必须借助"有"方能呈现自己，此即"无不可以无明，必因于有"。哲人须从万有诸现象中体认到使万有诸现象能够得以成立的太极本体，此即"故常于有物之极，而必明其所由之宗也"。王弼借象数发挥纯粹哲理，指出，作为"有"之根据的无形、无数、无分的"无"（太极），是不可以独立存在的，它只能通过"有"得以体现，哲人应当透过形形色色的"有"，体会到"无"（太极）作为万物之宗的本体地位。

依王弼注，《系辞传》"大衍"学说与《老子》第十一章所载"车毂、陶器、户牖"等事例有异曲同工之妙。《老子》曰："三十辐共一毂，当其无，有车之用。埏埴以为器，当其无，有器之用。凿户牖以为室，当其无，有室之用。故有之以为利，无之以为用。"王弼注曰："木、埴、壁所以成三者，而皆以无为用也。言无者，有之所以为利，皆赖无以为用也。"①意思说，木材、陶土、墙壁三者因材质之凿空或留空而成为轮毂、陶器、户牖，其中轮毂中心之"无"，陶器中央之"无"，墙壁中空之"无"，正是其余材质发挥作用的必要条件——"有之所以为利，皆赖无以为用"。在这里，王弼随文解义，借用相对之"无"，比喻本体之"无"。应当注意到，即使在比喻语境下，"无"的宗主地位仍然得到了强

---

① 王弼著，楼宇烈校释：《王弼集校释》，中华书局1980年版，第27页。

调,所以车轴、陶器、墙壁三者之"无"的部分,都是诸物之中心和关键部位,体现的正是"天地虽广,以无为心""圣王虽大,以虚为主"①的思想。注文"有之所以为利,皆赖无以为用"这句话,与《周易大演论》"不用而用以之通,非数而数以之成"意义相似,属同一思想。王弼治学,是先注《老子》,后注《周易》,《周易大演论》之写作不大可能早于《老子注》,因此《周易大演论》之论述太极,应当是受到《老子》启发。也就是说,王弼引《老子》思想入《周易》,摈落汉人用来解释"大衍"的天象四时等象数内容,专门敷畅玄旨,从而建构了易学中的形上本体论。②

一方面,凡有形有象,有内涵外延,可以言说者,都是"有",不是"无",皆非本体。另一方面,作为本体的"无"不能单独呈现自己,"必因于有"方能得到体现。具体到易学,即所有的具备明确内涵和外延的条例义理,都不能不以形上之太极作为自己的最终根据,而形上之太极又不能独立于条例义理之外自作一物,它只能存在于各条例义理之中,并通过各条例义理得以体现。

王弼易学是条例义理化的和形上本体化的,同时又是具有内在性的。李鼎祚《周易集解序》说:"自卜商入室,亲授微言。传注百家,绵历千古。虽竞有穿凿,犹未测渊深。唯王、郑相沿,颇行于代。郑则多参天象,王乃全释人事。"③这话比较了王弼《易》和郑玄《易》,认为郑玄"多参天象",王弼"全释人事",揭示了王弼易学之具有内在性的特点。

所谓内在性,即认为《周易》卦爻辞的根据在易卦自身,不必到他处寻找。所谓外在性,即认为易卦是对天象等外物的模拟,卦爻辞的最终依据是在易卦之外的天象等物,而不在易卦本身。内在性与外在性是相对概念,亦即相对于郑玄易学,王弼易学是内在性的,相对于王弼易学,郑玄易学是外在性的。例如,郑、王二人对坎卦的解释,就表现出

---

① 王弼著,楼宇烈校释:《王弼集校释》,中华书局1980年版,第93页。
② 王弼摈落的只是汉人浮泛不根的象数家言,而没有回避《周易》中基本的象和数,大衍之数无疑是《周易》象数学的重要内容之一。
③ 李鼎祚:《周易集解序》,文渊阁《四库全书》本。

内在性与外在性的差别。坎卦六四爻曰："樽酒簋贰用缶纳约自牖终无咎。"郑玄注："六四上承九五，又互体在震上。爻辰在丑，丑上值斗，可以斟之象。斗上有建星，建星之形似簋。贰，副也。建星上有弁星，弁星之形又如缶。天子大臣以王命出会诸侯，主国尊于簋副，设玄酒而用缶也。"[①] 爻辰，是郑玄注《易》体例，它把三百八十四爻分成十二类，分别对应子、丑、寅、卯、辰、巳、午、未、申、酉、戌、亥十二辰，方法如下：

```
上九 —— 戌      上六 —— 巳
九五 —— 申      六五 —— 卯
九四 —— 午      六四 —— 丑
九三 —— 辰      六三 —— 亥
九二 —— 寅      六二 —— 酉
初九 —— 子      初六 —— 未
```

凡阳爻在初者，如乾卦初九、震卦初九、屯卦初九、离卦初九等，皆对应十二辰之"子"。凡阴爻在初者，如坤卦初六、艮卦初六、鼎卦初六、坎卦初六等，皆对应十二辰之"未"。余仿此。

爻辰说从子到亥之十二辰，最早是与天文相关的历法概念，后来逐渐壮大成含有多种内容的宇宙论系统。在郑玄时代，这系统已十分庞大，择其要者列表如下：

十二辰	子	丑	寅	卯	辰	巳	午	未	申	酉	戌	亥
十二月	十一	十二	正	二	三	四	五	六	七	八	九	十
律吕	黄钟	大吕	太蔟	夹钟	姑洗	仲吕	蕤宾	林钟	夷则	南吕	无射	应钟
中气	大雪	小寒	立春	惊蛰	清明	立夏	芒种	小暑	立秋	白露	寒露	立冬
生肖	鼠	牛	虎	兔	龙	蛇	马	羊	猴	鸡	狗	猪
十二次	玄枵	星纪	析木	大火	寿星	鹑尾	鹑火	鹑首	实沈	大梁	降娄	诹訾

[①] 郑玄撰，王应麟辑，惠栋增补，孙堂补遗：《郑氏周易注》（附补遗）卷上，商务印书馆1939年版，第21页。

（续表）

二十八宿	须女6至危13	斗10至须女6	尾9至南斗9	氐11至尾8	轸7至氐10	张13至轸6	柳5至张12	井13至柳4	毕9至井11	胃4至毕8	奎2至胃3	危14至奎1
四兽	玄武	玄武	苍龙	苍龙	苍龙	朱雀	朱雀	朱雀	白虎	白虎	白虎	玄武
五行	水	土	木	木	土	火	火	土	金	金	土	水
十二纪	仲冬	季冬	孟春	仲春	季春	孟夏	仲夏	季夏	孟秋	仲秋	季秋	孟冬
昏中星	壁	娄	参	弧	星	翼	亢	心	斗	牵	虚	危
旦中星	轸	氐	尾	建星	牛	婺女	危	奎	毕	觜觿	柳	星

爻辰体例的魅力在于，经由爻与十二辰的简单配合，凡与十二辰相关的宇宙论内容，就都可以拿来解释爻辞，因此获得强大的诠释力。郑玄注坎卦六四，说"爻辰在丑"，然后从"丑"联系到二十八宿，说"丑上值斗"，斗宿形似勺子，故有"可以斟之象"，这就解释了爻辞"樽酒"。仰观天象，斗宿范围内有建星，建星形似簋，建星附近有弁星，弁星形似缶，这样又解释了爻辞的"簋""缶"。在汉代的天人感应神学氛围中，郑玄借助爻辰体例，引入天象解释爻辞，带有神圣的神秘色彩，比较容易被认可。

郑玄"多参天象"，是以易卦为天象历法的一面镜子，易卦折射天体运行和上苍的旨意，从而获得神圣性。易卦的根据在天上，不在它自身。这样的易学可称为外在性的易学。

再来看王弼对坎卦六四爻的解释。王弼注："处重险而履正，以柔居柔，履得其位，以承于五。五亦得位，刚柔各得其所，不相犯位，皆无余应以相承比，明信显著，不存外饰。处坎以斯，虽复一樽之酒，二簋之食，瓦缶之器，纳此至约，自进于牖，乃可羞之于王公，荐之于宗庙，故终无咎也。"[①]注文从始至终以人事为言，其内在逻辑可剖解为三步，即先以人事为例，说明卦爻的品格和处境，再以卦爻的品格处境解释卦爻之辞，最后返归人事，根据卦爻辞提出处理人事关系的方案。文中把六四爻想象成处于错综复杂社会关系中

---

① 王弼著，楼宇烈校释：《王弼集校释》，中华书局1980年版，第364页。

的人，用"承""犯""应""比""险""正"等词讲该爻之处境，用"柔""刚""信"等词讲该爻之品德，用"处""履""居""得"等词讲该爻之行动，认为圣人当初作《易》，是根据该爻的品德和处境制作爻辞，后人读《易》，则应当设身处地权衡自己的处境，审视自己的品德，确定行动方案，以符应爻辞。应特别注意的是，王弼完全从坎卦结构和六四爻自身特点出发解释爻辞，没有到坎卦之外寻找根据，这是他和郑玄的区别。换言之，王弼"全释人事"之实质，是认为易卦的根据在其自身，不在天上。这样的易学即可称为具有内在性的易学。

从郑玄到王弼，反映着儒学特质的一次根本性的变革。关于这一点，王葆玹先生说："严格说来，儒学之有内在性，不过是始于曹魏正始时期。在正始玄学家王弼等人著书以前，儒学的性格似主要是外在的。"① 可以说，王弼的条例义理化的、形上本体化的、具有内在性的易学，实际上创立了易学的性理传统。在王弼之后，程颐完整继承了这一传统的三种特质，而朱熹则对形上本体即太极有浓厚兴趣，作纵深一路挖掘。我们俯瞰三家易学，就可以发现，在儒道之辨、象数义理之辨的表层湍流之下，静静地徜徉着王、程、朱易学一以贯之的深沉的性理气韵。在这性理气韵之下，"整个程朱理学都可说是王弼易学影响下的产物"。②

王弼去世后，伴随玄学文化之兴盛，其易学受到愈来愈多重视。南北朝之际，北方流行郑玄《易》，南方流行王弼《易》。到隋代，王弼《易》逐渐取得独尊地位。《隋书·经籍志》于《易》云："梁、陈，郑玄、王弼二注，列于国学。齐代，唯尊郑义。至隋，王注盛行，郑学浸微，今殆绝矣。"③ 唐太宗贞观年间，国子祭酒孔颖达受诏撰《五经正义》，于诸家《易》说独尊王弼《周易注》，确立王弼易学的独尊地位。孔颖达《周易正义序》曰："若夫龙出于河，则八卦宣其象；麟伤于泽，则十翼彰其用。业资凡圣，时历三古。及秦亡金镜，未坠斯文；汉理珠

---

① 王葆玹：《今古文经学新论》，中国社会科学出版社1997年版，第529页。
② 同上注，第531页。
③ 魏征、令狐德棻撰：《隋书》，中华书局1996年版，第913页。

囊，重兴儒雅。其传《易》者，西都则有丁、孟、京、田，东都则有荀、刘、马、郑，大体更相祖述，非有绝伦。唯魏世王辅嗣之注，独冠古今。所以江左诸儒，并传其学。河北学者，罕能及之。"① 当时，江南为王弼《周易注》作义疏者十有余家，孔颖达认为这十数家"皆辞尚虚玄""义多浮诞"，于是"去其华而取其实"，归本于王弼原注，为之重新撰写义疏，即《周易正义》。孔颖达对易学史的一些宏观问题，例如"易之意义""重卦之人""三《易》时代""上下经分篇依据"等方面有不少发现，而在具体经义的疏解和诠释方面，则确定"疏不破注"原则，不欲辩驳王弼注文。这意味着《周易正义》乃是王弼《周易注》的发展和完备。

《五经正义》包括《周易正义》《尚书正义》《毛诗正义》《礼记正义》《春秋左传正义》，在唐高宗永徽四年（653）颁于天下官学，独尊数百年。北宋建朝，官学科举沿用唐代旧制，没有大变化。太宗端拱年间，以《五经正义》诏国子监镂板刊行，至真宗咸平二年（999）始竣其功。至咸平四年（1001），又先后校定或增修《春秋公羊传》《春秋谷梁传》《仪礼》《周礼》《孝经》《论语》《尔雅》注疏，镂板颁于国学，从此国家不但有官学，而且有官书。仁宗庆历以后，宋学兴起，学者解经竞标新义，然未见官书有改动。神宗熙宁年间，王安石改革贡举制度，颁《尚书》《毛诗》《周礼》之《三经新义》于学官，官书始有变改。这变改是否波及《易》书方面呢？我们来看晁公武《郡斋读书志》的记载："王介甫《易义》二十卷，龚原注《易》二十卷，耿南仲注《易》二十卷。右皇朝王安石介甫撰。介甫《三经义》皆颁学官，独《易解》自谓少作未善，不专以取士。故绍圣后复有龚原、耿南仲注《易》，三书偕行于场屋。"② 从"不专以取士""偕行于场屋"等语，可知王安石、龚原、耿南仲三人的《易》注虽流行一时，却始终没有取代《周易正义》的官书地位。

---

① 王弼注，孔颖达疏：《周易正义》序文，阮元校刻《十三经注疏》本，中华书局1996年版。
② 晁公武：《郡斋读书志》卷一，江苏古籍出版社1988年影印《委宛别藏》本，第14页。

也就是说，在两宋之交，官书仍然以《周易正义》为主，王弼《易》仍然统治着官方易学。而朱熹恰好是在这个时期出生，并在这个时期攻治《周易》的。

历代考述朱熹生平的著作，谈到朱熹少年时期，都重视他对儒学基本精神的天然契悟和励志圣贤之学的心路历程，对其举业则以"于举子业初不经意"等语淡笔带过，例如黄榦《朱文公行状》、脱脱等《宋史·朱熹传》、黄宗羲等《宋元学案·晦翁学案》、王懋竑《朱子年谱》都如此。今人束景南著《朱子大传》和《朱熹年谱长编》，钩稽众多文献资料，让我们得以了解朱熹少年时期的生活状况，从这些情况看，朱熹青少年时期并非"于举子业初不经意"，而是付出了极大心力。[①]

朱熹祖辈出自"吴郡朱氏"一支，该支在后汉灵帝时由青州徙居丹阳。唐末，丹阳朱氏后人朱古僚仕为婺源镇将，遂定居婺源，成为婺源朱氏始祖。朱古僚资产殷富，但其后人五世从事儒业，逐渐沦落到小地主境地。到第七世朱森即朱熹祖父时，家业一蹶不振。朱森不思进取，一生潦倒不得志，晚年沉溺于佛典道书，而把家业复兴的希望寄托给后辈子弟，说："吾家业儒，积德五世，后当有显者，却当勉励谨饬，以无坠先世之业。"[②] 朱熹父亲朱松描述自己家境说："某少贱贫，进不能操十百之金贸易取赀，以长雄一乡；退不能求百亩之田于长山大谷之中，躬耕以为养。反顾其家，四壁萧然，沟壑之忧，近在朝夕。途穷势迫，计无所出，乃始挟书操笔，学为世俗所谓举子场屋之文者。"[③] 此言虽不免夸张，然举子业竟是朱松摆脱贫困的唯一出路，当无疑问。朱松在北宋政和八年（1118）以同上舍出身，授迪功郎建州政和县尉，其后十多年宦途不顺，多数时间待次在家，在闽中四处寄食寓居，期间生下朱熹。绍兴四年（1134），朱松丁母忧，"尽室饥寒"，朱熹两兄相继夭亡。这一年朱熹就傅，朱松作《送五二郎读书诗》曰："尔去事斋居，操持好在初。

---

① 以下关于朱熹生平的内容，皆撮取于束景南《朱熹年谱长编》之文。
② 束景南：《朱熹年谱长编》卷首《新安朱氏世系》，华东师范大学出版社 2001 年版。
③ 朱松：《韦斋集》卷九《上赵漕书》，文渊阁《四库全书》本。

故乡无厚业，旧箧有残书。夜寝灯迟灭，晨兴发早梳。诗囊应令满，酒盏固宜疏。蓴鲙应似犬，龙化本由鱼。鼎荐缘中实，钟鸣应体虚。洞洞春天发，悠悠白日除。成家全赖汝，逝此莫踌躇。"① 此时家境较之以往更加清贫，朱松为朱熹设计的安身立命之途，也只有"学为场屋之文"。诗中"鼎荐""龙化""成家全赖汝"，皆指举业。显然，少年朱熹生活和学习的主题应当是举子业。

从绍兴七年（1137）起，朱松一度在朝任职，家境稍有好转。绍兴十三年（1143），朱松病故，这个家庭的前景又变得黯然无光。朱松去世前把家事委托给在崇安五夫里奉祠家居的刘子羽，遗命朱熹："籍溪胡原仲、白水刘致中、屏山刘彦冲，此三人者，吾友也。其学皆有渊源，吾所敬畏。吾即死，汝往父事之，而惟其言之听，则吾死不恨矣。"② 并致书三友，委托他们教育朱熹。刘氏家族是世代簪缨的大族著姓，在五夫里屏山下拥有巨大的刘氏庄园。刘氏有家塾，由刘子翚主持，刘勉之、胡宪都是刘氏家塾延聘执教的名士。刘子羽收容朱熹母子，在刘氏庄园前修葺一座五开间的旧楼供他们居住。朱熹入刘氏家塾，受学于刘子翚、刘勉之、胡宪三先生，并执经问道于刘勉之的萧屯草堂、胡宪的籍溪山居。

崇安刘氏家塾源远流长，世代左右地方教育。家塾既教授刘氏子弟，又广收乡邻俊秀。在刘子翚曾祖刘太素时，学生有百余人。至其祖父刘民先时，学生有数百人。刘子翚于绍兴十四年（1144）进一步扩大家塾规模。③ 这样大规模的家塾，无疑是以教授举业为目的，而且应当具有经营性质。朱松托付朱熹于刘氏，其主要用意当在于举业。朱熹入刘氏家塾，其主要目的也应当是攻习举业。④ 刘氏家塾授学之所曰六经堂，朱熹

---

① 束景南：《朱熹年谱长编》，华东师范大学出版社2001年版，第31页。
② 朱熹：《朱熹集》卷九十《屏山先生刘公墓表》，四川教育出版社1996年版，第4585页。
③ 南宋淳祐二年（1242），宋理宗为褒扬刘子翚的教育功绩，敕命扩建为屏山书院。
④ 见朱熹：《朱熹集》卷八十四《跋家藏刘病翁遗贴》，四川教育出版社1996年版，第4340页。书云："熹蚤以童子获侍左右，先生始亦但以举子见期。而熹窃窥观，见其自为与所以教人者若不相似，暇日僭有请焉。先生欣然嘉其有志，始为开示为学门户。"

在六经堂听经学塾师传授经史,学做程文诗赋,接受应试训练。

朱熹随母寄人篱下,处境不堪,其《寿母生朝诗》云:"秋风萧爽天气凉,此日何日升斯堂?堂中老人寿而康,红颜绿鬓双瞳方。家贫儿痴但深藏,五年不出门庭荒。灶陉十日九不炀,岂办甘脆陈壶觞?低头包羞汗如浆。"①自朱森以来朱家之败落,至此达于最低点。少年朱熹承受着巨大的生活压力,而解决途径只有一个,即科举。自称"少而鲁钝,百事不及人"的朱熹,在竞争激烈的科举考试中能以十九岁的年纪胜出,说明他在举业上付出了极大心力。

朱熹攻习举业,选择的入途是经义进士,攻治的主经是《周易》。《南宋馆阁录续录》卷九记曰:"朱熹,绍兴十八年王佐榜同进士出身。治《易》。"②这意味着少年朱熹曾经用多年时间潜心研习《周易》,在参加科举考试之前的数年间,《周易》当是他学习的重点。

为应对举子业,朱熹不会忽略"偕行于场屋"的王安石、龚原、耿南仲三家《易》说,而对始终作为官书的《周易正义》,自然会倍加重视。朱熹于《周易正义》所下苦功,可能远超一般学习者,这情况反映在《朱熹集遗集》卷二《答汪次山书》中。书云:"大凡治经之法,且先熟读正经,次则参考注疏。至于礼乐制度名数,注疏得之尤多,不知令郎曾如此下功夫否?若资质大段警悟,亦须著下三年工夫于此,自然精熟贯穿,何待他求?彼学成而名显者,岂必皆有异书乎?今人欲速,每事必求一捷径,不肯安心循序,下实工夫。为此所误,一事不成者多矣,不可不自悟也。愚陋无所知,于此尝究心焉,颇见利病如此,敢以布闻,称塞厚意。"③朱熹在中进士的隔年即绍兴二十年(1150)的十二月,归徽州婺源扫墓,乡人歆羡他少年得志,多来问学。从婺源归崇安不久,乡人汪次山来信为子弟求教治经之法,朱熹写此信作答。④信中强调注疏

---

① 朱熹:《朱熹集》卷二《寿母生朝诗》,四川教育出版社1996年版,第106页。
② 陈骙:《南宋馆阁录续录》,中华书局1998年版,第381页。
③ 朱熹:《朱熹集》附《朱熹集遗集》卷二《答汪次山书》,四川教育出版社1996年版,第5661页。
④ 束景南:《朱熹年谱长编》,华东师范大学出版社2001年版,第133～134页。

之重要，建议于注疏多下苦功。"若资质大段警悟，亦须著下三年工夫于此""于此尝究心焉，颇见利病如此"，意思是说自己也曾在注疏方面下过三年以上的苦功，有亲身体验。朱熹入刘氏家塾是在绍兴十三年或十四年，参加科举考试是在绍兴十七年和十八年，则这"三年以上"的苦功，岂不正是在刘氏家塾中下的么？考虑到朱熹所治主经为《周易》，即可知道，他曾究心的"注疏"，当是孔颖达《周易正义》。朱熹在少年时代于《周易正义》下过数年苦功，说他深受王弼易学影响，当不为过言。进一步，说他的易学接续了王弼和孔颖达之学脉，也不为无据。

宋代贡举有进士、明经、诸科。宋初，进士科沿承唐代及五代之制，考试诗、赋、论、策，贴试《论语》，应对《春秋》或《礼记》墨义，主要以诗赋取人。神宗熙宁年间，王安石改革贡举，罢诗赋、贴经、墨义，主要考试经义和策论。应试者各占治《诗》《书》《易》《周礼》《礼记》一经，兼治《论语》《孟子》，每试四场：第一场，初试本经；第二场，试兼经大义；第三场，试论一首；第四场，试时务策三道。哲宗元祐年间，新法废止，按诗赋进士和经义进士取士。学习内容，诗赋进士听习一经①，经义进士并习两经②。考试内容，诗赋进士：第一场，试本经义二道，《论语》或《孟子》义一道；第二场，赋及律诗一首；第三场，论一首；第四场，子史时务策二道。经义进士：第一场，试本经义三道，《论语》义一道；第二场，本经义三道，《孟子》义一道；第三场，论一首；第四场，子史时务策二道。宋室南迁以后，南宋高宗建炎二年（1128）开科，也以经义、诗赋两科取士，但与元祐法略有不同，一是习诗赋者不再兼试经义，二是不习诗赋者只治一经而不必兼治两经，三是由试四场改为试三场。其中，诗赋进士：第一场诗、赋各一首，第二场论一首，第三场策三道；经义进士：第一场本经义三道，《论语》《孟子》义各一道，第二场论一首，第三场策三道。称为建炎法。诗赋进士的课试内容

---

① 《易》《诗》《书》《周礼》《礼记》《左传》之一。
② 《诗》《礼记》《周礼》《左传》为大经，《书》《易》《公羊》《谷梁》《仪礼》为中经，愿习二大经者听，不得偏占两中。

相对灵活，比较容易应对，因此学者竞习诗赋。经义进士不易攻习，选习者少。

朱熹选择的是经义进士，所治本经为《周易》，依建炎法受试。三场考试内容当为：《周易》经义三道，《论语》《孟子》义各一道，论一首，策三道。绍兴十七年（1147）秋，朱熹参加建州乡试，三道策论得考官赞赏，曰："吾取中一后生，三策皆欲为朝廷措置大事，他日必非常人！"[1] 朱熹此年得中举人。绍兴十八年（1148）春，参加省试，《周易》一经所出题目是"刚中而应"。朱熹回忆说："戊辰年省试，出'刚中而应'。或云：'此句凡七出。'某将《彖辞》暗地默数，只有五个。其人坚执，某又再诵再数，只与说：'记不得，只记得五出，且随某所记行文。'已而出院检本，果五出耳。"[2]

绍兴十八年（1148）四月，朱熹殿试中等，中第五甲第九十人，赐同进士出身，时年十九。他攻习王弼易学，取得理想结果。由此不难推测，王弼易学的精神气质，已潜入朱熹内心。

---

[1] 李幼武纂集：《宋名臣言行录外集》卷十二，文渊阁《四库全书》本。
[2] 黎靖德编：《朱子语类》卷一〇四，中华书局1994年版，第2623页。

程门易学对朱熹的复杂影响

考察朱熹青少年时期学《易》经历，应兼顾两条路线，一条是官方支持的科举易学，一条是流传于民间的程门易学。所谓科举易学，即当时立于官学的《周易正义》一派。所谓程门易学，即由朱松、刘子翚、刘勉之、胡宪、林光朝上溯至谯定、朱震、杨时、谢良佐，再上溯至程颐、程颢一派。程门诸代弟子各有特长偏好，有些人还兼有其他学术渊源，他们对二程易学的继承未必纯正，所以程门易学并不等同于程氏易学。

朱熹童年所学已涉及易学。黄榦《朱文公行状》："就傅……尝从群儿戏沙上，独端坐以指画沙。视之，八卦也。"[1]李方子《紫阳年谱》："先生幼有异禀……间从群儿嬉游，独以沙列八卦象，详观侧玩。"[2]束景南多方考证，认为此事发生于绍熙四年（1134），朱熹时年五岁。[3]这样小的年纪就能画卦，应当是受家学影响，具体地说，是受其父朱松影响。

朱松字乔年，号韦斋，生于北宋绍圣四年（1097），卒于南宋绍兴十三年（1143）。北宋政和八年（1118）同上舍出身，历任政和县尉、尤溪县尉、泉州石井镇监。绍兴四年（1134），召试馆职，除秘书省正字，丁母忧归。绍兴七年（1137）召对，再次任职于朝廷。绍兴十年（1140），因反对和议触怒宰相秦桧，出知饶州，遂愤然请祠归，三年后卒。朱松熟知六经诸史，以诗文名于南渡前后，曾从学于杨时弟子罗从彦，为程门三传弟子。谈到朱松对朱熹易学可能产生的影响，有一件事

---

[1] 朱熹：《朱熹集》附录一《朝奉大夫文华阁待制赠宝谟阁直学士通议大夫谥文朱先生行状》，四川教育出版社1996年版，第5782页。
[2] 束景南：《朱熹年谱长编》附辑《紫阳年谱》，华东师范大学出版社2001年版，第1511页。
[3] 束景南：《朱熹年谱长编》，华东师范大学出版社2001年版，第32～33页。

值得注意。靖康元年（1126），有精于占测的瞽者苏生求见朱松，朱松"叹其有学而多中"，为其作序，云："《小雅》之诗'天之生我，我辰安在'，说者谓所值岁时月日星辰六物之吉凶。然则推步人生时之所值，以占其贵贱寿夭，自周以来有之矣。后世卜筮、訾相、地理之学，多著于世，而六物之语，时或见于简册，自贾谊、王充皆有六命之语，详其旨，殆与说《诗》者之意合。吕才虽著论痛诋其诬，可以抹一时湛溺之弊，而天人之精微，才不及也。……近世士大夫束书不学，而汲汲趣合于世，唯恐不及，故此技多售，而其言亦往往而合。吾常悼其然而不能救，太息而已。"①朱松对占测之学的态度，并不违背伊洛一派的思想倾向。盖自程颐以来，程门对待推步占测之学的态度，即是一方面相信"有其理"，另一方面又强调人力的重要。《二程遗书》卷十九："五德之运，却有这道理。凡事皆有此五般，自小至大，不可胜数。一日言之，便自有一日阴阳。一时言之，便自有一时阴阳。一岁言之，便自有一岁阴阳。一纪言之，便自有一纪阴阳。气运不息，如王者一代，又是一个大阴阳也。唐是土德，便少河患。本朝火德，多火灾。盖亦有此理，只是须于这上有道理。如关朗卜百年事最好，其间须言如此处之则吉，不如此处之则凶，每事如此，盖虽是天命，可以人夺也。如仙家养形，以夺既衰之年，圣人有道，以延已衰之命，只为有这道理。"②卷三："物之可卜者，惟龟与羊髀骨可用，盖其坼可验吉凶。"③卷六："卜筮在精诚，疑则不应。"④卷二十五："古者卜筮，将以决疑也。今之卜筮则不然，计其命之穷通，校其身之达否而已矣。噫！亦惑矣。"⑤朱松对待占测之学的态度，与二程一致。朱松这些思想，不免潜移默化影响朱熹。

朱松去世后，朱熹问学于刘勉之、胡宪和刘子翚，三人都精于易学。据《聘士刘公先生墓表》，刘勉之早年学于太学，当时蔡京用事，禁

---

① 朱松：《韦斋集》卷十《送日者苏君序》，文渊阁《四库全书》本。
② 程颢、程颐：《二程集》第一册《河南程氏遗书》卷十九，中华书局1981年版，第263页。
③ 同上书卷三，中华书局1981年版，第63页。
④ 同上书卷六，中华书局1981年版，第84页。
⑤ 同上书卷二十五，中华书局1981年版，第326页。

止太学生接触二程学问,刘勉之"心独知其非是""闻涪陵谯公天授尝从程夫子游,兼邃易学,适以事至京师,即往扣焉,尽得其学之本末。既而遂厌科举之业,一日,弃录牒,揖诸生而归。道南都,见元城刘忠定公。过毗陵,见龟山杨文靖公,皆请业焉。"① 可知刘勉之的易学老师有谯定(天授)和杨时(龟山)。胡宪学易的经历与刘勉之相似。《籍溪先生胡公行状》云:"稍长,从文定公学,始闻河南程氏之说。寻以乡贡入太学,会元祐学有禁,乃独与乡人白水刘致中阴诵而窃讲焉。既又学《易》于涪陵处士谯公天授,久未有得。天授曰:'是固当然。盖心为物渍,故不能有见,唯学乃可明耳。'先生于是喟然叹曰:'所谓学者,非克己功夫也耶?'"② 胡宪还曾问学于易学家朱震,自称:"后在荆门学舍,从朱二丈子发游甚款,子发所得话言及书疏,必以相示。"③ 胡宪往荆门从学朱震时,年方二十余岁,后来朱震曾向朝廷举荐他做官,说明二人交往甚契。刘子翚也曾和谯定有交往,④ 但他的易学独具一格,大约自创成分居多。《屏山先生刘公墓表》云:"熹时以童子侍疾,一日,请问先生平昔入道次第,先生欣然告之曰:'吾少未闻道,官莆田时,以疾病始接佛老子之徒,闻其所谓清静寂灭者而心悦之,以为道在是矣。比归,读吾书而有契焉,然后知吾道之大,其体用之全乃如此。抑吾于《易》得入德之门焉,所谓'不远复'者,则吾之三字符也。佩服周旋,罔敢失坠。于是尝作《复斋铭》《圣传论》,以见吾志。然吾忘吾言久矣,今乃相为言之,汝勉哉。'"⑤ 刘子翚的《圣传论》有这样的话:"学《易》者必有门户。复卦,《易》之门户也。入室者必自户,学《易》者必自复始。得是者,其惟颜

---

① 朱熹:《朱熹集》卷九十《聘士刘公先生墓表》,四川教育出版社1996年版,第4613～4614页。
② 朱熹:《朱熹集》卷九十七《籍溪先生胡公行状》,四川教育出版社1996年版,第4968～4969页。
③ 谢良佐:《上蔡语录》后跋,文渊阁《四库全书》本。
④ 见黎靖德编:《朱子语类》卷六十七,中华书局1994年版,第1677页。语云:"谯作《牧牛图》,其序略云:'学所以明心,礼所以行敬。明心则性斯见,行敬则诚斯至。'草堂刘致中为作传,甚详。"
⑤ 朱熹:《朱熹集》卷九十《屏山先生刘公墓表》,四川教育出版社1996年版,第4587～4588页。

氏乎!"①复卦初九爻辞曰:"不远复,无祗悔,元吉。"《象传》云:"不远之复,以修身也。"《系辞传》云:"子曰:颜氏之子,其殆庶几乎。有不善未尝不知,知之未尝复行也。《易》曰:'不远复,无祗悔,元吉。'"意思为颜渊有错误能很快自省,且不再犯,如此则早日返归正道,不会造成悔恨。刘子翬从中得到启示,悟得入德之门。

谯定字天授,涪陵人,少喜学佛,曾向蜀人郭曩学习象数,因《系辞传》"见乃谓之象"一语有悟,学《易》遂有所成,之后,问《易》于程颐。《宋史·谯定传》:"定一日至汴,闻伊川程颐讲道于洛,洁衣往见,弃其学而学焉。遂得闻精义,造诣愈至,浩然而归。其后颐贬涪,实定之乡也。北山有岩,师友游泳其中,涪人名之曰'读《易》洞'。"②谯定两次从学程颐,一次为"赴洛求学",一次为"涪州从游"。宋人王质《涪陵谯先生祠记》曰:"涪陵谯先生初习佛,伊川授其学以《大学》《中庸》,而指其法以敬。先生悦之,弃家破产疲曳妻子以从之游。"③此即"赴洛求学"。绍圣四年(1097)十一月到元符三年(1100)正月,程颐被编管涪州,在谯定家乡涪陵完成《程氏易传》,期间谯定从游,此即"涪州从游"。谯定象学自成一家,《朱子语类》卷六十七有四段语录记载谯定故事,都涉及易象。第一条:"谯先生说'见乃谓之象',有云:'象之在道,乃《易》之在太极。'"④第二条:"问:籍溪见谯天授问《易》,天授令先看'见乃谓之象'一句。籍溪未悟,他日又问,天授曰:'公岂不思象之在道,犹《易》之有太极耶?'"⑤第三条:"问:籍溪见谯天授问《易》,天授曰:且看'见乃谓之象'一句,通此一句,则六十四卦三百八十四爻皆通。籍溪思之不得。天授曰:'岂不知《易》有太极者乎?'"⑥第四条:"涪人谯定受学于二郭(原注:载、子厚),为象学。其

---

① 黄宗羲:《宋元学案》卷四十三《刘胡诸儒学案》,中华书局1986年版,第1400页。
② 脱脱等撰:《宋史》卷四百五十九,中华书局1995年版,第13460页。
③ 王质:《雪山集》卷七,文渊阁《四库全书》本。
④ 黎靖德编:《朱子语类》卷六十七,中华书局1994年版,第1677页。
⑤ 同上注,第1676页。
⑥ 同上注,第1677页。

说云：'《易》有象学、数学。象学非自有所见不可得，非师所能传也。'谯与原仲书云：'如公所言，推为文辞则可，若见处则未。公岂不思象之在道，乃《易》之有太极耶？'"①谯定在学有所成之后折服于程颐，从其问学，其中一个原因，应当是二人在象学方面深有所契。谯定著有《易传》，已佚。

杨时字中立，南剑将乐人，先受学于程颢，后受学于程颐。杨时精于易学，宋儒黄震说："先生平生最用工于《易》，于程门理义之学多有发明。"②《朱子语类》卷六十五记载："龟山过黄亭詹季鲁家，季鲁问《易》。龟山取一张纸画个圈子，用墨涂其半，云：'这便是《易》。'此说极好。《易》只是一阴一阳，做出许多般样。"③《龟山集》卷十一："吴审律（仪）劝解《易》。曰：《易》难解。曰：及今可以致力，若后力衰，却难。曰：某尝观圣人言《易》，便觉措辞不得。只如乾坤两卦，圣人尝释其义于后，是则解《易》之法也。乾之初九'潜龙勿用'，释云'阳在下也'，又曰'龙德而隐者也'，又曰'下也'，又曰'阳气潜藏'，又曰'隐而未现，行而未成'。此一爻耳，反复推明至五变其说然后已。今之释者，其于他卦能如是推明乎？若不能尔，则一爻之义只可用之一事，《易》三百八十四爻，爻指一事，则是其用止于三百八十四事而已。如《易》所该，其果极于此乎？……故某尝谓说《易》须髣髴圣人之意，然后可以下笔。"④杨时一方面认为，《易》理抽象，需立象以尽之；另一方面认为，《易》象所包义理甚广，需从多种角度、多个层面诠解之，方为妥当，解《易》者不可胶执于经传文辞而把易象解死。这一思想来源于程颐，程颐曾说："不要拘一。若执一事，则三百八十四爻只作得三百八十四件事，便休也。"⑤杨时著有《易传》。南宋淳熙年间，方闻一

---

① 黎靖德编：《朱子语类》卷六十七，中华书局1994年版，第1677页。
② 朱彝尊：《经义考》卷二十一，中华书局影印1936年版《四部备要》本，第127页。
③ 黎靖德编：《朱子语类》卷六十五，中华书局1994年版，第1606页。
④ 杨时：《龟山集》卷十一，文渊阁《四库全书》本。
⑤ 程颢、程颐：《二程集》第一册《河南程氏遗书》卷十九，中华书局1981年版，第249页。

著《大易粹言》，收杨时《易传》为《大易粹言》七家言之一。

朱震字子发，湖北荆门军人，北宋政和年间登进士第，累仕州县，官至翰林学士，世称汉上先生。朱震与二程学生谢良佐关系密切，与游酢、杨时也在师友之间，《宋元学案》列其为"上蔡门人""二程再传"。朱震汇聚北宋刘牧、周敦颐、邵雍、李之才等人的易学图式，以及汉代象数家诸说，制成若干图式，附加说明，成《周易图》。他又梳理北宋图书学传承源流，认为刘牧、周敦颐、邵雍、李之才等人的图书之说皆源于陈抟，制成易学传承谱。绍兴初年，他向朝廷进所著《周易集传》九卷、《周易图》三卷、《周易丛说》一卷。其《进周易表》云："臣今以《易传》为宗，和会雍、载之论，上采汉、魏、吴、晋、元魏，下逮有唐及今，包括异同，补苴罅漏，庶几道离而复合。"① 朱震自称以《程氏易传》为宗，但其易学为后世所称道之处，一在象数之学，二在易学史论，这些内容与程颐易学的关系并不紧密。

由朱震、谯定、杨时上溯，即达于二程。程颢字伯淳，生于北宋仁宗明道元年（1032），卒于北宋哲宗元丰八年（1085）。程颐字正叔，生于北宋仁宗明道二年（1033），卒于北宋徽宗大观元年（1107）。二人受业于周敦颐，得其易学精髓，二十几岁以易学名震京师。《河南程氏外书》卷十二祁宽记尹和靖语曰："横渠昔在京师，坐虎皮，说《周易》，听从甚众。一夕，二程先生至，论《易》。次日，横渠撤去虎皮，曰：'吾平日为诸公说者，皆乱道。有二程近到，深明《易》道，吾所弗及，汝辈可师之。'横渠乃归陕西。"② 程颢二十六岁登进士第，历任地方官吏，神宗熙宁初任监察御史，曾参与讨论王安石新政。程颢死，文彦博题其墓碑曰"明道先生"。程颢无专著，从《二程遗书》看，他平生喜言大易之道，留下的讲《易》文字应当不少。南宋方闻一著《大易粹言》，选程颢为七家之一，与程颐、张载、游酢、杨时、郭忠孝、郭雍并列。程颐比

---

① 朱震：《汉上易传》卷首《汉上易传表》，文渊阁《四库全书》本。
② 程颢、程颐：《二程集》第二册《河南程氏外书》卷十二，中华书局1981年版，第436页。

程颢小一岁。程颐游历太学，胡瑗见其《颜子所好何学论》而赞之，破格请他做学官，后侍讲哲宗，以天下自任，议论褒贬无所顾忌，声望日高，学生日众。后来发生洛、蜀二党之争，程颐被贬涪州。程颐易学成就远远高于其兄，他反复研究《周易》五十载，写成《程氏易传》，临终传授给弟子。

曾有人征询研习《周易》应读何家之书，程颐回答："《易》有百余家，难为遍观。如素未读，不晓文义，且须看王弼、胡先生、荆公三家。理会得文义，且要熟读，然后却有用心处。"①王弼、胡先生、荆公三家，指王弼《周易注》、胡瑗《易传》、王安石《易解》。二程兄弟的易学风格本来与王弼、胡瑗接近，再加上程颐说过这句话，所以后代研究二程易学的人，没有不承认三家《易》是二程易学来源的。程颐认为《易》中之象与《易》中之义理有着不可分割的关系，提出两个著名论断，一是"因象以明理"，一是"体用一源，显微无间"。他说："有理而后有象，有象而后有数。《易》因象以明理，由象以知数，得其义则象数在其中矣。"②又说："至微者理也，至著者象也。体用一源，显微无间。"③程颐解《易》，总是把卦看作政事或人事的局势，把爻看作具备不同德行的人，把爻位看作其人所处的地位、处境，然后把卦辞、爻辞、《彖传》《象传》看作此种情境下的应然之理，此即"因象以明理"。程颐认为不能离开《易》中的象和具体人事，空泛地讲论道理，因此《程氏易传》步步踩实诸卦象所对应的人事情境，不虚设空言，"体用一源，显微无间"。

朱熹少年从其父朱松为学，家学渊源为二程、杨时、罗从彦一脉。十四岁后师事三君子，师学渊源为二程、杨时、谯定，以及二程、谢良佐、朱震两脉。这样，朱熹易学思想的师学渊源，即可由朱松、刘子翚、

---

① 程颢、程颐：《二程集》第一册《河南程氏遗书》卷十九，中华书局1981年版，第248页。
② 同上书卷二十一，中华书局1981年版，第271页。
③ 程颢、程颐：《二程集》第三册《易传序》，中华书局1981年版，第689页。

刘勉之、胡宪上溯至谯定、朱震、杨时、谢良佐，最后归于二程。二程以下诸人的易学，相对于二程，增添若干复杂内容。刘子翚虽被称为二程私淑，但其易学却合会儒释，独得天然，与二程有较大距离，朱熹评价说："他本是释学，但只是翻誊出来，说许多话耳。"① 谯定在师从程颐之前学《易》已有所成，师从程颐以后仍保留若干原有的易学思想，故其易学显得有些"外道"，也受到朱熹批评，《朱子语类》卷六十七："问：籍溪见谯天授问《易》，天授令先看'见乃谓之象'一句。籍溪未悟，他日又问。天授曰：'公岂不思象之在道，犹《易》之有太极耶？'此意如何？曰：如此教人，只好听耳。使某答之，必先教他将六十四卦，自乾坤起，至《杂卦》，且熟读。晓得源流，方可及此。"② 这里朱熹用程颐"体用一源，显微无间"和"因象以明理"方法论批评谯定，认为谯定有离用而言体的倾向，偏离了解《易》正途。对朱震易学，朱熹也同样提出批评，说："朱子发解《易》如百衲袄，不知是说甚么。以此进读，教人主如何晓？便晓得，亦如何用？"③ 朱熹后来对刘子翚、谯定、朱震等人的批评，反映出当年程门《易》的内容是比较驳杂的。

朱熹二十四岁时，又接触到程门后学林光朝。林光朝字谦之，号艾轩，兴化军莆田人，从学于尹焞门人陆子正，为二程三传弟子。《宋史本传》称："（光朝）专心圣贤践履之学，通六经，贯百氏，言动必以礼，四方来学者亡虑数百人。南渡后，以伊、洛之学倡东南者，自光朝始。"④ 他南渡后最早在东南倡导伊洛之学，被尊称为"南夫子"。林光朝场屋不利，五十岁时方得中进士，后任秘书省正字兼国史编修实录检讨官，国子司业兼太子侍读等职。林光朝虽为程门后学，却曾明确宣布"《程氏易传》看不得"，直接与程颐唱反调。

记载林光朝易学的文献已不多见，明代郑岳搜集林光朝遗文，编《艾轩集》十卷，其中部分文字可反映林光朝的易学思想。《朱子语类》

---

① 黎靖德编：《朱子语类》卷九十六，中华书局1994年版，第2476页。
② 黎靖德编：《朱子语类》卷六十七，中华书局1994年版，第1676页。
③ 同上。
④ 脱脱等撰：《宋史》卷四百三十三，中华书局1995年版，第12862页。

有几则材料,也记录了林光朝的易学观点。从这些文献,大致可窥见林光朝易学的三个特点:其一,解经重本义。《艾轩集》卷十《艾轩神道碑》云:"(艾轩)常曰:道之全体,存乎太虚,六经既发明之,后世注解,固已支离,若复增加,道愈远矣。"①卷三《策问二十首》第十首曰:"文王演《周易》而为卜筮之书,箕子作《洪范》而为灾异五行之说。呜呼,圣人之经何其不幸也。夫八卦之文,九畴之叙,虽无文王无箕子,而此理素定也,天下由之而不自知耳。圣人患其如是,于是乎作书以示之。学者之观书也,舍编简而求之可也。奈何源流一失,迂儒曲士肆为异言,天人之理不复见矣。"②《朱子语类》卷六十六,沈僩录:"《易》爻只似而今发课底卦影相似。如云'初九,潜龙勿用。'这只是戒占者之辞。解者遂去这上面生义理,以初九当'潜龙勿用',九二当'利见大人'。初九是个甚么?如何会潜?如何会勿用?试讨这个人来看。九二爻又是甚么人?他又如何会'见龙在田,利见大人'?尝见林艾轩云:'世之发六壬课者,以丙配壬则吉,盖火合水也。如《卦影》云:"朱鸟翾翾,归于海之湄,吉。"这个只是说水火合则吉尔。若使此语出自圣人之口,则解者必去上面说道理,以为朱鸟如何,海湄如何矣。'"③林光朝认为,圣人制六经发明天人之理,后世注解纷纷,发挥太过,大多乖违圣人之意,学者读经,当舍弃前人注解,直探经书本义。其二,解《易》不脱离象数。《朱子语类》卷一〇三,吴振录:"林艾轩在行在,一日访南轩,曰:'程先生《语录》,某却看得。《易传》,看不得。'南轩曰:'何故?'林曰:'《易》有象数,伊川皆不言,何也?'"④卷六十六,甘节录:"《易》本卜筮之书,后人以为止于卜筮。至王弼用老庄解,后人便只以为理,而不以为卜筮,亦非。……今人须以卜筮之书看之,方得,不然,不可看《易》。尝见艾轩与南轩争,而南轩不然其说。"⑤所谓"《语录》看得",即是接受程颐的理学思想。所谓"《易传》看不得",即是不

---

① 林光朝:《艾轩集》卷十,文渊阁《四库全书》本,第 7 页。
② 同上书卷三,文渊阁《四库全书》本,第 15 页。
③ 黎靖德编:《朱子语类》卷六十六,中华书局 1994 年版,第 1633～1634 页。
④ 同上注,第 2608 页。
⑤ 同上注,第 1622 页。

同意程颐的治《易》方法。其三，熟练象数之说。《艾轩集》卷一《徐广文生朝》云："盘古一笑鸿蒙开，神马负图从天来。八卦旋转六十四，黄钟是为元气胎。"① 同卷《东宫生日六日·壬辰》云："冠履分前后，图书考异同。商盘如目击，羲画自心通。"② 卷三《策问二十首》第二首："敢问九宫之说起于何书，太一之行，下临八卦而始终于坎离，其详可得闻乎？所历一宫凡四十有五年，大率二百二十有五年而还息于中宫，推以前代历法，其雨旸休咎之应又如何也？"③ 第六首："《诗》与《易》遭秦火而不灭者，《易》以卜筮，《诗》以墊人间巷之所传故也。"④ 可见林光朝对北宋以来的图书之学，如先天学、《河图》《洛书》等都有留意，并且留心于卜筮之学。他在东宫教授太子先天学，在太学策问太学生九宫和卜筮，说明这些内容在他的学术体系中有相当重要的地位，并非泛泛及之。

林光朝倡导的追问本义的方法，在宋代是十分珍贵的治经思想。宋初经学大都遵唐人之旧，其方法相当严谨甚至保守，例如科举课试经学，以贴经、墨义为主要方式，这种方式类似于今天考试的填空题，考验背诵功夫。庆历前后，学风发生变化，学者解经以互出新意为时尚，不再墨守注疏。神宗熙宁年间，王安石改革科举考试，罢贴经、墨义，改试经书大义。所谓"大义"，是指应试者对经义的理解。课试经书大义，意味着试题不再像帖经、墨义那样有固定答案，这就鼓励士子竞相标新立异，以求歆动试官。此端既开，如江河泄地，宋学标新立异之风遂不可制止，对经书的解释遂泛滥无归。林光朝倡导重视本义，试图抛开传注疏解，直探经书原义，乃是唐代《正义》之学的反动，从这个意义上说，它属于宋学。同时，他反对著述，反对发挥过当，试图返璞归真，这是对流荡无制的新经学的反动，从这个意义上说，它属于宋代经学中一股自制的、批判的力量。林光朝所批判的"注解支离"，既包括汉唐注疏之书，也包括宋人的新经义，他自己则"未尝著书，惟口授学者，使之心

---

① 林光朝：《艾轩集》卷一，文渊阁《四库全书》本，第6页。
② 同上注，第7页。
③ 林光朝：《艾轩集》卷三，文渊阁《四库全书》本，第3页。
④ 同上注，第8页。

通理解",躬行其学术主张。

绍兴二十三年（1153），朱熹南下赴泉州同安县主簿任，途经莆田，拜见林光朝。林氏重视本义、重视象数的治《易》思想给他留下深刻印象。朱熹此前的老师，例如朱松、刘子翚、胡宪、刘勉之等人，都不以经学而名扬，林光朝通六经，贯百氏，为一时大儒，可能是朱熹遇到的第一位经学老师。朱熹听其讲论，深受感染，虽至晚年不能忘怀："某少年过莆田，见林谦之、方次荣说一种道理，说得精神，极好听，为之踊跃鼓动！退而思之，忘寝与食者数时。好之，念念而不忘。及至后来再过，则二公已死，更无一人能继其学者，也无一个会说了！"① 在易学方法论方面，林光朝给朱熹很大启发。

朱熹接触的上述诸人的程门易学，已不是纯净的二程易学。不过，二程之书俱在，朱熹可以读到。后来朱熹精心研读《程氏易传》，对二程易学精神的体认和把握，已超越上述程氏门人。程氏门人对朱熹易学起到的积极作用，与其说是传承程氏衣钵，毋宁说是开阔其易学视野。朱熹后来创立与程氏面貌不同的易学体系，很大程度上归功于上述程氏门人的拓展之功。

就学问特质而言，二程兄弟倡导的为己之学，是反动于隋唐以来科举利禄之学的。就现实科举制度而言，程学不为两宋之交的官学所容，而成为与官学对立的学问。在程颐晚年，有人指责他著书"非毁朝政"，于是朝廷决定打击程氏之学，程学被禁二十余年，直到靖康初年方得解禁。解禁仅十年，又在绍兴六年（1136）再次被禁止。到绍兴十四年（1144），殿中侍御史汪勃乞戒科场主司去"专门曲学"，又有右正言何若上言："惟是专门曲学，未能遽以尽革，臣请为陛下陈之。盖始缘赵鼎唱为伊川之学，高闶之徒从而和之，乃有横渠《正蒙书》《圣传十论》，大率务为好奇立异，流而入于乖僻之域、虚幻空寂之地，其去圣人之道远矣。顷缘高闶为国子司业，学者争投所好，于是曲学盛行。……臣愚伏望圣慈，申戒内外师儒之官，专以正道训饬诸生，为乖僻之说、虚幻

---

① 黎靖德编：《朱子语类》卷一三二，中华书局1994年版，第3177页。

之论者，考选之际，悉皆黜落。如是，则专门曲学不攻而自破。"① 这样一来，学禁由程学扩衍到张载之学，甚至扩衍到朱熹业师刘子翚之学，名之为"专门曲学"。凡在科举中沿袭"专门曲学"者，一概黜落。

朱熹家学和师学都属程学，而当他参加官方科举考试之时，官方正严厉打击程学，其业师刘子翚的学说被列为"专门曲学"。处于此种情境而参与科举，那么如何避免"专门曲学"之嫌，就是不得不考虑的问题。据载，朱熹参加乡试、省试，都曾借重禅说。关于乡试，尤焴《题大慧语录》云："十八岁请举，时从刘屏山。屏山意其必留心举业，暨搜其箧，只《大慧语录》一帙耳。"② 关于省试，朱熹回忆说："某年十五六时，亦尝留心于此（禅）。一日，在病翁所会一僧，与之语。其僧只相应和了说，也不说是不是，却与刘说，某也理会得个昭昭灵灵底禅。刘后说与某，某遂疑此僧更有要妙处在，遂去扣问他，见他说得也煞好。及去赴试时，便用他意思去胡说。是时文字不似而今细密，由人粗说，试官为某说动了，遂得举。（原注：时年十九。）"③ 在师学被禁的气氛中，赴乡试携《大慧语录》，赴省试变通禅说而用之，可理解为一种应对策略。事实证明，这策略是成功的。

---

① 束景南：《朱熹年谱长编》，华东师范大学出版社2001年版，第96页。
② 同上注，第108页。
③ 黎靖德编：《朱子语类》卷一〇四，中华书局1994年版，第2620页。

朱熹对程氏易学的支持以及对苏氏易学的批判

程颐易学于理象关系主张"因象以明理",于体用关系主张"体用一源,显微无间",认为极高明的道总是蕴含于平常事物之中,不需要越过平常事物另寻一个道。《程氏易传》无论解释天道,还是解释人事,都讲得平平常常,实实在在,不涉及高深难言之事,不强作艰涩难明之语。《程氏易传》这种风格,与当时苏轼父子《苏氏易解》喜作高妙之语形成对照。

朱熹早年没有体认到程氏易学本体论和方法论之精要,没有注意到《程氏易传》与《苏氏易解》的深层差别,从他一度"出入于释老""驰心于空妙之域者十余年",以及引禅学入《易》而中举的情况看,其思想方法可能比较接近《苏氏易解》而远离《程氏易传》。三十岁前后,朱熹从学李侗。李侗传授的内容是多方面的,其中一个方面,即"理一分殊"本体论和方法论。"理一分殊"本体论和方法论,是综合程颐"理一分殊"命题关于一多关系的论断以及"体用一源,显微无间"命题关于体用关系的论断,并向认识论和方法论方向进一步发挥而成的。李侗告诫朱熹:"理不患其不一,所难者分殊耳。"[1] 意思为生活中的每件事都有独特事理,经典的每句话都有独特义理,皆可精确理解,皆可用语言精确陈述。学者逐事精研事理,逐句精研义理,对洋洋众理之精粗本末朗然在胸,最终能上达一路,体认到无声无臭的一贯之道,行事亦可圆通无碍。反之,若一味悬空理会一贯之道,必将终无所得,行事也难以洒然融释。在李侗指导下,朱熹重新研读儒家经典。数年间师徒二人辨析

---

[1] 朱熹:《朱子全书》第十三册《延平答问》赵师夏跋,上海古籍出版社、安徽教育出版社2002年版,第354页。

经义，朱熹终于体认到"理一分殊"本体论和方法论之精髓，从此辨明"儒释之别"，接续伊洛学脉，完成"逃禅归儒"的转变。随后，朱熹鸣鼓攻伐引佛老入儒门的"杂学"，写成《杂学辨》。《杂学辨》包括四篇文字，其中的《苏氏易解辨》，持"理一分殊"本体论和方法论以批判《苏氏易解》，体现出其对程氏易学的支持。

元儒胡一桂等人认为"朱子因《苏氏易解》不言象数而辨之"，把朱熹之辨苏氏，归纳为易学史上一般意义的象数、义理之争。清儒纪昀撰《四库全书总目提要》，于《苏氏易解》条下说"朱子所不取者仅十四条"，把朱熹之辨苏氏，理解为经学史上常见的经义之争。两家都没有抓住《苏氏易解辨》作为本体论和方法论之辨的要点。下面我们首先追溯朱熹从学李侗，奠立"理一分殊"本体论和方法论的历程，然后以此为背景来理解《苏氏易解辨》之用意。

朱熹早年的三位老师胡宪、刘勉之、刘子翚都濡染佛老气息。朱熹在三先生门下，一面攻习儒门举业，一面留心佛老之学，对禅学颇有心得。在科举及第后待职期间，朱熹摆脱举业羁绊，自由地学习思考，愈发出入禅门，倾慕佛教宣扬的出尘境界，又耽好仙学，读道家书，作焚修室，学长生术，进一步受佛老熏陶。这种情况，在拜见李侗后逐渐改变。而最终的转变，是经历长期的经义向辨之后才得以完成的。

李侗字愿中，南剑州剑浦（今福建南平）人，学者称为延平先生。据《宋史》本传记载，李侗二十四岁时，"闻郡人罗从彦得河洛之学，遂以书谒之"，拜罗从彦为师，学习《春秋》《中庸》《论语》《孟子》之说。"从彦好静坐，侗退入室中，亦静坐。从彦令静中看喜怒哀乐未发前气象，而求所谓'中'者，久之，而于天下之理该摄洞贯，以次融释，各有条序。从彦亟称许焉"。[①] 李侗认为，儒学与"异端"不同之处，在于"理一分殊"。绍兴二十三年（1153），朱熹南下赴泉州同安县主簿任，特意往剑浦拜见李侗。这次会面，李侗指点朱熹曰："吾儒之学所以异于异

---

① 脱脱等撰：《宋史》卷四百二十八，中华书局1995年版，第12746页。

端者，理一分殊也。理不患其不一，所难者分殊耳。"①

李侗所说"理一分殊"命题，最早由程颐在与杨时通信讨论《西铭》时提出，当时主要表达一种伦理学的意义。李侗向朱熹转述这一命题，加上"不患""所难"两词，就转而强调了它作为为学门径、为学次序的方法论意义。朱熹回忆当时的感受以及后来之体会说："余之始学，亦务为笼侗宏阔之言，好同而恶异，喜大而耻于小，于延平之言，则以为何为多事若是，天下之理一而已，心疑而不服。同安官余，以延平之言反复思之，始知其不我欺矣。"②

李侗从方法论角度理解"理一分殊"，遥接杨时之学。杨时曾说："夫精义入神，乃所以致用，利用安身，乃所以崇德，此合内外之道也。天下之物，理一而分殊。知其理一，所以为仁。知其分殊，所以为义。"③这话在"理一"和"分殊"之前各加"知其"二字，属于加字训解，其语意已与单纯的"理一分殊"略有区别。对此，李侗解释说："伊川所谓'理一分殊'，龟山云'知其理一，所以为仁，知其分殊，所以为义'之意，盖全在'知'字上用著力也。"④所谓"全在'知'字上用著力"，是强调人的道德认知能力，即认为，万物自然理一分殊，而人之为学，则一方面应当体认理一，另一方面应当察识分殊，两下都须着力。对杨、李二人这个学说，朱熹理解为："熹窃谓天地生物，本乎一源，人与禽兽、草木之生，莫不具有此理。其一体之中，即无丝毫欠剩，其一气之运，亦无顷刻停息，所谓仁也。但气有清浊，故禀有偏正。惟人得其正，故能知其本，具此理而存之，而见其为仁；物得其偏，故虽具此理而不自知，而无以见其为仁。然则仁之为仁，人与物不得不同；知人之为人而存之，人与物不得不异。故伊川夫子既言'理一分殊'，而龟山又有'知

---

① 朱熹：《朱子全书》第十三册《延平答问》赵师夏跋，上海古籍出版社、安徽教育出版社2002年版，第354页。
② 同上。
③ 杨时：《龟山集》卷二十，文渊阁《四库全书》本，第2页。
④ 朱熹：《朱子全书》第十三册《延平答问》，上海古籍出版社、安徽教育出版社2002年版，第332页。

其理一,知其分殊'之说,而先生以为全在'知'字上用著力,恐亦是此意也。"① 朱熹这个认识得到李侗首肯:"此说大概得之。"杨、李、朱三代程门后学对"理一分殊"的加字训解,一代比一代更清晰地显现了"理一分殊"命题在认识论和方法论方面的含义。李侗向朱熹强调的"理一分殊"方法论,被朱熹称为"开端示人之大要"。

杨、李、朱三人相继阐发的"理一分殊"方法论,一方面根基于"理一分殊"命题原有的关于普遍与特殊、一与多关系的论断,另一方面还糅合了《程氏易传序》之"体用一源,显微无间"命题关于体用、本末关系的论断。《程氏易传序》云:"君子居则观其象而玩其辞,动则观其变而玩其占。得于辞不达其意者有矣,未有不得于辞而能通其意者也。至微者理也,至著者象也。体用一源,显微无间。观会通以行其典礼,则辞无所不备。故善学者,求言必自近。易于近者,非知言者也。予所传者辞也,由辞以得其意,则在乎人焉。"② 这段话,阐述了程颐易学方法论之要点。《程氏易传》把平常可见的人事散入三百八十四爻,其注文内容构成了看似散殊的现象界,然而由于"体用一源,显微无间",散见于三百八十四爻的平常人事,实际是内在地贯通为一体的。程颐要求学者应当"由辞以得其意""观会通以行其典礼",从有限的、分散的事理体认到无限的、统一的本体。他强调说:"易于近者,非知言者也。"意味着本体当下就在现象之中,无限性当下就在有限性之中,不应舍弃语言文辞的当下含义,去别寻孤悬事外的本体。序文"体用一源,显微无间"一语侧重于本体论阐述,"善学者求言必自近"一语侧重于方法论阐述,两种阐述互为表里。

《程氏易传序》因用以显体、察用以知体的观点,在体用关系上重视"用",是一种方法论。这种重视"用"的方法论,被杨时整合到"理一分殊"命题中,转而成为重视"分殊"的方法论。当年,杨时对他的

---

① 朱熹:《朱子全书》第十三册《延平答问》,上海古籍出版社、安徽教育出版社2002年版,第335页。
② 程颢、程颐:《二程集》第三册《易传序》,中华书局1981年版,第689页。

弟子讲论"知其理一,知其分殊"时强调"分殊",说:"所谓'分殊',犹孟子言'亲亲而仁民,仁民而爱物',其分不同,故所施不能无差等。"有弟子质疑曰:"如是,则体用果离而为二矣。"杨时回答:"用未尝离体也。且以一身观之,四体百骸皆具,所谓体也,至其用处,则屦不可加之于首,冠不可纳之于足,则即体而言,分在其中矣。"① 杨时师徒讨论"理一分殊"之"分殊"时,话题忽然转到体用关系上,称"理一"为"体",称"分殊"为用,这就使"理一分殊"命题不但涵盖着一般与特殊、一与多的关系,而且涵盖了体与用、本与末的关系。经此诠释,"理一分殊"方法论就不但是处理一般与特殊、一与多关系的方法,而且是处理体与用、本与末关系的方法了。

无独有偶,李侗向朱熹讲论"理一分殊",也引用了"体用一源,显微无间"命题,事见《延平答问》戊寅冬至前二日书。该信讨论《论语·里仁篇》"吾道一以贯之"。《里仁篇》记载,孔子对曾子说:"参乎!吾道一以贯之。"曾子回答:"唯。"门人不知道"一"指何事,问曾子,曾子说:"夫子之道,忠恕而已矣。"后世有人认为,"一贯之道"应当是极其抽象的,而"忠恕"稍嫌具体,似不足以代表"一贯之道",曾子用"忠恕"二字回答门人,当是考虑到门人学识水平较低,尚不足以理解"一贯",故姑且以"忠恕"答之。李侗不同意这种解释,他说:"伊川先生有言曰:'维天之命,於穆不已,忠也。乾道变化,各正性命,恕也。'体会于一人之身,不过只是尽己及物之心而已。曾子于日用处,夫子自有以见之,恐其未必觉此亦是一贯之理,故卒然问曰:'参乎,吾道一以贯之。'曾子于是领会而有得焉,辄应之曰'唯',忘其所以言也。东坡所谓口耳俱丧者,亦佳。至于答门人之问,只是发其心耳,岂有二耶?若以谓圣人一以贯之之道,其精微非门人之问所可告,姑以忠恕答之,恐圣贤之心不如是之支。如孟子称尧舜之道孝弟而已,人皆足以知之,但合内外之道,使之体用一源,显微无间,精粗不二,衮同尽是此理,

---

① 杨时:《龟山集》卷十一,文渊阁《四库全书》本,第10页。

则非圣人不能是也。《中庸》曰'忠恕违道不远'，特起此以示人相近处，然不能贯之，则忠恕自是一忠恕尔。"①"一贯之道"与"忠恕"的关系，乃是普遍与特殊、一与多的关系，它是"理一分殊"的。李侗引用"体用一源，显微无间"来讲论"忠恕"与"一贯"之"理一分殊"，这种做法和杨时如出一辙，都融通了两个命题。尤可注意的是，李侗在"体用一源，显微无间，精粗不二"之前加"使之"两字，这非常类似杨时在"理一"和"分殊"之前各加"知其"的做法。加上"使之"二字，立即强调了"体用一源，显微无间"的方法论意义。

杨时、李侗融通"理一分殊"和"体用一源，显微无间"两个命题，这举动既是本体论的融通，又是方法论的融通。从本体论角度，李侗认为，"一贯之理"是体是一，"忠恕"是用是多，由于体用是一源的，显微是无间的，故作为"分殊"之理的"忠恕"，当下就是"一贯之理"，不是在"忠恕"之外别有个"一贯之理"。从方法论角度，李侗认为，体用相合的境界，不是所有人天生就能达到的，只有圣人才能"合内外之道"，"使之"体用一源、显微无间、精粗不二，体认到日用常行处"衮同尽是此理"，于是行事洒然融释，达于从心所欲不逾矩的境界。

朱熹从理解到接受李侗"理一分殊"思想，经历了艰苦过程。他初见李侗时，未能领会"理一分殊"要义，"再三质问"，李侗"不甚会说，只教看圣贤言语"②，朱熹"遂搁起禅说"，仔细揣摩儒家经典。师生之间书信往还，讨论经义，持续数年。经长期经义问辨，朱熹才逐渐体会到"理一分殊"的思想方法。

由《延平答问》可知，在绍兴戊寅（1158）到绍兴壬午（1162）的五年间，朱熹持续向李侗求教《论语》《中庸》《孟子》《大学》《诗经》等经义。《延平答问》大部分书信，如戊寅七月十七日书、戊寅冬至前二

---

① 朱熹：《朱子全书》第十三册《延平答问》，上海古籍出版社、安徽教育出版社2002年版，第319页。
② 黎靖德编：《朱子语类》卷一〇四，中华书局1994年版，第2620页。

日书、十一月十三日书、庚辰五月八日书、辛巳二月二十四日书、辛巳五月二十六日书、辛巳中元后一日书、辛巳十月十日书、壬午六月十一日书、辛巳八月七日书，都载有二人往复讨论经义的内容。当时，朱熹解经"好同恶异""喜大耻小"，李侗解经则"辨析精微""毫厘必察"，朱熹以为经义相同的地方，李侗常以为不然。例如，朱熹引《论语》"事父母几谏"类比"父在观其志，父没观其行"，李侗回信说两事"不类"。又例如，戊寅七月十七日书，朱熹引《论语·八佾篇》"起予者商也"类比《为政篇》"亦足以发"，李侗回信说两处经义不同，"深玩之可见"。朱熹疑惑不解，复去信请教，李侗回信说："颜子气象与子夏不同。先玩味二人气象于胸中，然后体会夫子之言'亦足以发'与'起予者商也'之语气象如何。颜子深潜淳粹，于圣人体段已具，故闻夫子之言，即默识心融，触处洞然，自有条理。故终日言，但见其'不违如愚'而已。退省其私，则于语默日用动容之间，皆足以发明夫子之道，坦然由之而无疑也。子夏因问《诗》，如不得'绘事后素'之言，即'礼后'之意未必，似有因问此一事，而夫子印可之意。此所以不类也。"①这段解答有代表性，反映出李侗解经方法之要。李侗认为，儒家经典一句有一句之文义，句句文义各有不同，解经之要，在于逐句辨析文义，使之粲然有别。把这种态度移之于事物，则是一事有一事之道理，事事道理各有不同，明理之要，在于随事体察道理之各有其当。他用"不类""各发明一例"等批语，指导朱熹深入辨析经书文字的具体内涵，传授的正是"理一分殊"方法论之"分殊"要诀。

道学家常用"脱然""洒落""洒然"等词描述主体心智或主体修养的境界。例如程颐曾说："今日格一件，明日又格一件，积习既多，然后脱然有贯通处。"② 这是用"脱然"描述主体心智的境界。黄庭坚评价周

---

① 朱熹：《朱子全书》第十三册《延平答问》，上海古籍出版社、安徽教育出版社2002年版，第313页。
② 程颢、程颐：《二程集》第一册《河南程氏遗书》卷十八，中华书局1981年版，第188页。

敦颐说:"茂叔人品甚高,胸中洒落如光风霁月。"① 这是用"洒落"描述主体修养的境界。李侗特别向往"洒落"境界,他反复使用"脱然""洒落""洒然"等语引导朱熹,希望他解经明理以及践履修为都要以洒然融释的境界为目标。李侗认为,读书格物,本为明理,但若拘于下工,就会"反为道理所缚",甚是害事,学者应当于下工处"持守之久,渐渐融释,使之不见有制之于外""持敬之心,理与心为一""遇事能无毫发固滞",则"庶几洒落尔"。② 李侗强调的"洒然""洒落",乃是超越的和自由的境界,与孔子"从心所欲不逾矩"相仿。《延平答问》戊寅冬至前二日书,李侗回答朱熹来信所问事项,"各笺释于所问条目下",然后指出:"大率须见洒然处,然后为得。"③ 辛巳中元后一日书云:"谕及所疑数处,详味之所见皆正当可喜,但于洒落处,恐未免滞碍。"④ 这两处,是要求朱熹解经须达于"洒然""洒落"。己卯长至后三日书云:"今学者之病,所患在于未有洒然冰解冻释处。纵有力持守,不过只是苟免显然尤悔而已。"⑤ 庚辰五月八日书云:"某尝以谓遇事若能无毫发固滞,便是洒落。"⑥ 这是要求朱熹践履修为须达于"洒然""洒落"。辛巳五月二十六日书云:"承谕近日学履甚适,向所耽恋不洒落处,今已渐融释。此便是道理进之效,甚善甚善。"⑦ 这里的"洒落"兼指解经与修为两方面。以上各处,李侗用"脱然""洒然""融释"引导朱熹,传授的正是"理一分殊"方法论之"理一"要诀。

经多年经义问辨,朱熹逐渐体认到"理一分殊"方法论要旨,从而对《孟子》"知言养气"、《论语》"忠恕一贯"都有了深刻体悟,并能指出禅学方法的"差误之处"。看到朱熹进境,李侗欣然说:"元晦进学甚

---

① 朱熹:《朱子全书》第十二册《伊洛渊源录》卷一,上海古籍出版社、安徽教育出版社2002年版,第925页。
② 朱熹:《朱子全书》第十三册《延平答问》,上海古籍出版社、安徽教育出版社2002年版,第321、323页。
③ 同上注,第313页。
④ 同上注,第330页。
⑤ 同上注,第321页。
⑥ 同上注,第323页。
⑦ 同上注,第330页。

力……此人极颖悟，力行可畏。讲学极造其微处……渠所论难处，皆是操戈入室，从原头体认来，所以好说话……渠从谦开善处下工夫来，故皆就里面体认。今既论难，见儒者路脉，极能指其差误之处。自见罗先生来，未见有如此者。此人别无他事，一味潜心于此。初讲学时，颇为道理所缚。今渐能融释，于日用处一意下工夫，若于此渐熟，则体用合矣。"① 同一时期朱熹的自我评价，与李侗的上述评价相呼应。隆兴二年（1164），他写信给汪应辰说："大抵近世言道学者失于太高，读书讲义，率常以径易超绝、不历阶梯为快，而于其间曲折精微正好玩索处，例皆忽略厌弃，以为卑近琐屑，不足留情。以故虽或多闻博识之士，其于天下之义理，亦不能无所未尽。理既未尽，而胸中不能无疑，乃不复求诸近，顾惑于异端之说，益推而置诸冥漠不可测知之域，兀然终日，味无义之语，以俟其廓然而一悟。殊不知物必格而后明，伦必察而后尽。彼既自谓廓然而一悟者，其于此犹懵然也，则亦何以悟为哉？……曷若致一吾宗，循下学上达之序，口讲心思，躬行力究，宁烦毋略，宁下毋高，宁浅毋深，宁拙毋巧，从容潜玩，存久渐明，众理洞然，次第无隐，然后知夫大中至正之极、天理人事之全无不在是，初无迥然超绝不可及者。而几微之间，毫厘毕察，酬酢之际，体用浑然，虽或使之任至重而处所难，亦沛然行其所无事而已矣。"② 至此，朱熹的思想方法由"喜大耻小""好为笼侗宏阔之言"转移到"理一分殊""所难者在分殊"，完成"逃禅归儒"转变。

对这变化，近代学者多有评论。钱穆说："（朱子）所获于延平者有三纲。一曰须于日用人生上融会，一曰须看古圣经义，又一曰理一分殊，所难不在理一处，乃在分殊处。"③ 陈荣捷说："《延平答问》之讨论理一分殊之义，比默坐澄心，观未发以前气象为多为详。"④ 陈来说："从绍兴末到乾道中，朱熹苦究中和未发已发之义，表明李侗的《中庸》哲学对他

---

① 李侗：《李延平集》卷一《与罗博文书》，正谊堂本，第4页。该书作于绍兴三十一年（1161）。
② 朱熹：《朱熹集》卷三十《答汪尚书》，四川教育出版社1996年版，第1268～1269页。
③ 钱穆：《朱子新学案》第三册，台湾联经出版事业公司1998年版，第40页。
④ 陈荣捷：《朱熹》，台湾东大图书公司1990年版，第32页。

曾有较大影响，而从实际结果来看，李侗理一分殊方法的精神才真正渗透到朱熹哲学的骨髓，并产生出积极的结果。"①

朱熹体认"理一分殊"的过程，与他体认儒释之别的过程并行。当他接受"理一分殊"方法论后，就开始批判释氏之"谬"。由于亲历倒戈式转变，他的批判显得鞭辟入里，颇能说中要害。他说："释氏虚，吾儒实。释氏二，吾儒一。释氏以事理为不紧要而不理会。"②又说："彼见得心空而无理，此见得心虽空而万理咸备也。虽说心与理一，不察乎气禀物欲之私，是见得不真，故有此病。《大学》所以贵格物也。"③又说："释氏只要空，圣人只要实。释氏所谓'敬以直内'，只是空豁豁地，更无一物，却不会'方外'。圣人所谓'敬以直内'，则湛然虚明，万理具足，方能'义以方外'。"④又说："学禅者只是把一个话头去看，'如何是佛''麻三斤'之类，又都无义理得穿凿。看来看去，工夫到时，恰似打一个失落一般，便是参学事毕。……但他都无义理，只是个空寂。儒者之学则有许多义理，若看得透彻，则可以贯事物，可以洞古今。"⑤

这一时期，朱熹高举"理一分殊"法印，大凡不深辨经义事理、笼统为言，或闪烁其词、悬空讲理的治学方法，都被他盖上"异端""杂学"印记，摒斥之于儒门之外。隆兴前后，他热衷于儒释之辨，撰写了《杂学辨》。

《杂学辨》有四篇文字，即《苏氏易解辨》《苏黄门老子解辨》《张无垢中庸解辨》《吕氏大学解辨》。该书基于"理一分殊"本体论和方法论，批判诸家"引佛老入吾儒""合吾儒于老子""逃儒以归于释""惑于浮屠老子"之谬误。其中《苏氏易解辨》是朱熹最早的易学著作。

《苏氏易解》又名《东坡易传》，是苏洵、苏轼、苏辙父子解《易》著作。关于这部著作，《四库全书》之《提要》云："是书一名《毗陵易

---

① 陈来：《朱子哲学研究》，华东师范大学出版社2000年版，第272页。
② 黎靖德编：《朱子语类》卷一二六，中华书局1994年版，第3015页。
③ 同上注，第3015～3016页。
④ 同上注，第3015页。
⑤ 同上注，第3018页。

传》。陆游《老学庵笔记》谓其书初遭元祐党禁,不敢显题轼名,故称'毗陵先生',以轼终于常州故也。苏籀《栾城遗言》记苏洵作《易传》未成而卒,属二子述其志。轼书先成,辙乃送所解于轼,今《蒙卦》犹是辙解,则此书实苏氏父子兄弟合力为之。题曰轼撰,要其成耳。"①《苏氏易解辨》辨苏氏《易》说十九条,其中辨《彖传》解十一条、辨《系辞上传》解八条。现选择其中五条述录如下,以见该书大意。

苏氏解《彖传》"大哉乾元"曰:"元之为德,不可见也,所可见者,万物资始而已。"朱熹辨:"愚谓四德之元犹四时之春,五常之仁,乃天地造化发育之端,万物之所从出,故曰万物资始,盖取其始于是也。存而察之心目之间,体段昭然,未尝不可见也。然惟知道者乃能识之,是以苏氏未之见耳。不知病此,顾以己之不见为当然而谓真无可见之理,不亦惑之甚与!"②

苏氏解《彖传》"各正性命"曰:"古之君子患性之难见也,故以可见者言性。以可见者言性,皆性之似也。"朱熹辨:"愚谓古之君子尽其心则知其性矣,未尝患其难见也。其言性也,亦未尝不指而言之,非但言其似而已也。且夫性者,又岂有一物似之,而可取此以况彼耶?然则苏氏所见,殆徒见其似者,而未知夫性之未尝有所似也。"③

苏氏解《系辞传》"一阴一阳之谓道"曰:"阴阳果何物哉?虽有娄旷之聪明,未有能得其髣髴者也。阴阳交然后生物,物生然后有象,象立而阴阳隐。凡可见者皆物也,非阴阳也。然谓阴阳为无有,可乎?虽至愚知其不然也。物何自生哉?是故指生物而谓之阴阳与不见阴阳之髣髴而谓之无有,皆惑也。"朱熹辨:"愚谓阴阳盈天地之间,其消息阖辟,终始万物,触目之间,有形无形无非是也。而苏氏以为象立而阴阳隐,凡可见者皆物也,非阴阳也,失其理矣。达阴阳之本者固不指生物而谓之阴阳,亦不别求阴阳于物象见闻之外也。"④

---

① 《钦定四库全书》经部一《东坡易传·提要》,文渊阁本。
② 朱熹:《朱熹集》卷七十二《苏氏易解辨》,四川教育出版社1996年版,第3756~3757页。
③ 同上注,第3758页。
④ 同上注,第3760~3761页。

苏氏又解:"圣人知道之难言也,故借阴阳以言之曰'一阴一阳之谓道'。一阴一阳者,阴阳未交而物未生之谓也。喻道之似,莫密于此者矣。阴阳一交而生物,其始为水。水者无有之际也,始离于无而入于有矣。老子识之,故其言曰'上善若水',又曰'水几于道'。圣人之德虽可以名而不囿于一物,若水之无常形,此善之上者,几于道矣而非道也。若夫水之未生,阴阳之未交,廓然无一物而不可谓之无有,此真道之似也。"朱熹辨:"愚谓一阴一阳往来不息,举道之全体而言,莫著于此者矣。而以为借阴阳以喻道之似,则是道与阴阳各为一物,借此而况彼也。阴阳之端,动静之机而已。动极而静,静极而动,故阴中有阳,阳中有阴,未有独立而孤居者。此一阴一阳所以为道也。今曰一阴一阳者,阴阳未交而物未生,廓然无一物,不可谓之无有者,道之似也,然则道果何物乎?此皆不知道之所以为道,而欲以虚无寂灭之学揣摸而言之。"①

苏氏又解:"阴阳交而生物,道与物接而生善。物生而阴阳隐,善立而道不见矣。故曰继之者善也,成之者性也。……善者道之继,而指以为道则不可。今不识其人而识其子,因之以见其人则可,以谓其人则不可,故曰继之者善也。学道而自其继者始,则道不全。"朱熹辨:"愚谓继之者善,言道之所出无非善也,所谓元也。物得是而成之,则各正其性命矣,而所谓道者固自若也。故率性而行,则无往而非道。此所以天人无二道,幽明无二理而一以贯之也。而曰阴阳交而生物,道与物接而生善,物生而阴阳隐,善立而道不见,善者道之继而已,学道而自其继善者始则道不全,何其言之缪耶?且道外无物,物外无道。今曰道与物接,则是道与物为二,截然各据一方,至是而始相接也,不亦缪乎?"②

综观以上内容,苏氏屡称"元""性""阴阳""道""命"等"不可言""不可见",认为圣贤言语多为譬喻之言,指向另一难以言说之物。朱熹则认为,"性命之理甚明而其为说至简"③,经典中的圣贤言语都是实

---

① 朱熹:《朱熹集》卷七十二《苏氏易解辨》,四川教育出版社1996年版,第3761页。
② 同上注,第3762页。
③ 同上注,第3756页。

实在在的，都是可以确切解说的，圣贤言语所指称的对象，也是实实在在，可以确切把握的。只要把握圣贤言语实实在在的含义，同时也就把握了"道"本身，因为"道"就在这些实实在在的言语和事项之中。苏氏屡言"不可言""不可见"，乃是"未尝见""未尝知"，是不明白圣贤言语的真实含义。针对苏氏"道为虚无""无中生有""阴阳相分""道器相离"等观点，朱熹提出"阴阳在物象之中，不在物象之外""道在阴阳之中，不在阴阳之外""道外无物，物外无道""天人无二道，幽明无二理""不别求阴阳于物象见闻之外"等论点。这些兼有本体论与方法论的论点，与程颐、杨时、李侗之"理一分殊""体用一源，显微无间""体用合"等思想一致，是坚持了《程氏易传》的本体论和方法论。由此看来，《苏氏易解辨》乃是本体论和方法论的大本大原之辨，不是一般意义上的经义之辨。

有学者似未能注意到《苏氏易解辨》作为大本大原之辨的性质，因而不能贴切地评估其价值。例如四库馆臣称："胡一桂记晁说之之言，谓轼作《易传》自恨不知数学，而其学又杂以禅，故朱子作《杂学辨》，以轼是书为首。然朱子所驳，不过十九条，其中辨文义者四条，又一条谓'苏说无病，然有未尽其说者'，则朱子所不取者仅十四条，不过全书百分之一，未足以为是书病。"①考察朱熹四十岁以前的易学活动，发现他在撰写《杂学辨》期间，最关心易学中的心、性、仁、义、天命、道、太极、阴阳等义理范畴，还没有表现出关注象数的迹象，因此胡一桂的说法是不妥当的。四库馆臣说"朱子所不取者仅十四条"，言外之意，认为朱熹与苏氏之间没有大分歧。他们把朱熹之辨苏氏，理解为一般意义上的经义之争，这是不贴切的。若仅以经义言，一部《苏氏易解》，洋洋九卷十万余言，朱熹仅辨其中十九条，当然是"未足为病"的。然若以本体论和方法论言，十九条已足可揭示全书方法之"谬"，盖门径一差，辙迹暌离，所谓"大本既殊，无所不异"②，洋洋细部，已不必一一辨其

---

① 《钦定四库全书》经部一《东坡易传·提要》，文渊阁本。
② 朱熹:《朱熹集》卷七十二《张无垢中庸解》，四川教育出版社1996年版，第3770页。

正误。

若就具体经义而论，朱熹对《苏氏易解》某些精当之处，一直赞赏有加，并撷取到自己的易学著作中。《朱子语类》卷六十七说："东坡解《易》，大体最不好。然他却会作文，识句法，解文释义，必有长处。"[①]《朱子语类》卷六十九说："常观解《易》底，惟是东坡会做文字了，都揍著他语脉。如'涣其群，元吉'，诸家皆云涣散了，却成群，都不成语句。唯东坡说道，涣散他小小群，聚合成一大群。如那天下混一之际，破散他小群成一大群，如此方成文理。"[②]《周易本义》注解"涣其群，元吉。涣有丘，匪夷所思"，曰："言能散其小群以成大群，使所散者聚而若丘，则非常人思虑之所及也。"[③]即采用苏氏之解。《朱子语类》卷七十："'夬履贞吉'，正东坡所谓'忧治世而危明主也。'"[④]直接用苏氏之说以解"夬履贞吉"。在辨明大本大原的前提下，朱熹坦然撷取《苏氏易解》某些内容。辩驳与撷取，分属于不同层面，并不矛盾。

朱熹对《苏氏易解》的批评，主要是大本大原的批评而非枝端末节的批评，是整体的批评而非局部的批评。他批评《苏氏易解》的本体论和方法论，支持渊源于《程氏易传》的本体论和方法论，表明此时朱熹易学已上接《程氏易传》，延续了程门《易》的正宗。

---

① 黎靖德编：《朱子语类》卷六十七，中华书局1994年版，第1663页。
② 同上书卷六十九，中华书局1994年版，第1728页。
③ 朱熹：《朱子全书》第一册《周易本义》，上海古籍出版社、安徽教育出版社2002年版，第83页。
④ 黎靖德编：《朱子语类》卷七十，中华书局1994年版，第1759页。

刘牧活动年代及其著作考辨
——兼论《遗论九事》非刘牧作品

关于易学家刘牧其人，古文献有两种记载。南宋晁公武《郡斋读书志》和陈振孙《直斋书录解题》说，刘牧字长民，曾任太常博士，著有《刘长民易》《卦德统论》《易数钩隐图》。南宋刘敏士刻《易数钩隐图》，序称，刘牧字先之，其人进士出身，曾得范仲淹赏识，历任饶州军事推官、兖州观察推官、荆湖北路转运判官等职。从陈振孙起，人们就怀疑刘牧字长民与刘牧字先之并非一人。今人郭彧对易学家刘牧的生平作了较为详尽的讨论，力辨易学家刘牧字长民活动于北宋初年，而刘牧字先之活动于北宋中期，二者并非一人。这工作是很重要的，因为一旦辨明易学家刘牧活动于北宋初年，那么周敦颐太极学说、邵雍先天学说与刘牧图书学说之间的关系问题就凸显出来，北宋图书之学传承谱系就可重新讨论。

《郡斋读书志》记载的"吴秘献书"一事，是确定易学家刘牧身份的关键材料。该书云："《刘长民易》十五卷。右皇朝刘牧长民撰，仁宗时言数者皆宗之，庆历初，吴秘献其书于朝，优诏奖之。"又："《郑扬庭周易传》十三卷。右皇朝郑夬扬庭撰，姚司宗谓刘牧之学授之吴秘，秘授之夬，夬又作《明数》《明象》《明传道》《明次例》《明范》五篇。"[①] 对这件事，王应麟《玉海》也有记载："牧撰《易数钩隐图》，黄黎献受于牧，摭为《略例》一卷，《隐诀》一卷。吴秘受于黎献，作《通神》一卷以释《钩隐》，奏之，凡三十四篇。"[②] 根据《郡斋读书志》和《玉海》可知，庆

---

① 晁公武：《郡斋读书志》卷一，江苏古籍出版社1998年影印《宛委别藏》本，第11页。
② 朱彝尊：《经义考》卷十六，中华书局影印1936年《四库备要》本，第102页。

历初年献书的吴秘乃是刘牧字长民的弟子或者再传弟子。吴秘献刘牧字长民所著《易数钩隐图》以及自己解释《易数钩隐图》的著作于朝廷，这个举动说明刘牧字长民卒于庆历以前。试想，刘牧字长民曾任太常博士，他若健在，则他自己最适合解释《易数钩隐图》，无须吴秘作三十四篇释文，也无须假手吴秘献其著作于朝廷。吴秘诠释《易数钩隐图》并献书这件事只有一种解释是合理的，即庆历初年刘牧字长民已然作古。

再考察另一位刘牧字先之。刘敏士说的刘牧字先之，即王安石写的一篇《墓志》的主人公。《墓志》曰："治平元年五月六日，荆湖北路转运判官尚书屯田郎中刘君，年五十四，以官卒。……君讳牧，字先之。……起家饶州军事推官。……范文正公至，君大喜曰：'此吾师也。'遂以为师。……及文正公安抚河东，乃始举君可治剧，于是君为兖州观察推官。又学《春秋》于孙复，与石介为友。……改大理寺丞，知大名府馆陶县。……通判建州。河阳宰相富公，以枢密副使使河北，奏君掌机宜文字。……通判青州……又通判庐州。……使江西。……除广南西路转运判官。……移荆湖北路，至，逾月卒。"① 刘牧字先之生于北宋真宗大中祥符四年（1011），卒于北宋英宗治平元年（1064）。庆历四年（1044）六月，范仲淹宣抚陕西、河东，刘牧字先之受范仲淹举荐任兖州观察推官，当时他三十四岁。此时，正是吴秘献其师所著《易数钩隐图》于朝廷之时。显然，这位三十余岁的刘牧字先之不会是吴秘的老师暨《易数钩隐图》的作者。

王安石所撰《墓志》详尽记载刘牧字先之生平重要活动，却没有涉及易学。陈振孙《直斋书录解题》于"《易数钩隐图》"条目下按语质疑："今观《志》文所述，但言学《春秋》于孙复而已。当庆历时，其易学盛行，不应略无一语及之。且黎献之《序》称'字长民'而《志》称'字先之'，其果一人耶？抑二人耶？"②

---

① 王安石：《临川文集》卷九十七《荆湖北路转运判官尚书屯田郎中刘君墓志铭》，文渊阁《四库全书》本。
② 陈振孙：《直斋书录解题》卷一，文渊阁《四库全书》本，第11页。

我们猜测，南宋刘敏士写《易数钩隐图序》时，张冠李戴，将北宋中期的刘牧字先之认作了《易数钩隐图》的作者刘牧字长民。

另有两则材料，也值得一提。材料之一，是宋咸的《王刘易辨》。陈振孙《直斋书录解题》曰："《易补注》十卷，又《王刘易辨》一卷。秘书丞宋咸贯之撰。……皇祐五年，表上之。"① 朱彝尊《经义考》介绍宋咸生平云："《闽书》：宋咸，字贯之，建阳人，天圣二年进士。"并摘录宋咸《王刘易辨·自序》："近世刘牧，既为《钩隐图》以画象数，尽刊王文，直以己意代之。"② 宋咸在天圣二年（1024）中进士时，刘牧字先之年方十四岁。宋咸《自序》所称"近世刘牧"而不称"当世刘牧"，表明此"近世刘牧"不是那位比他年龄小的刘牧字先之，而应当是北宋初期的那位刘牧字长民。材料之二，是李觏的《删定易图序论》。李觏于庆历七年（1047）写成《删定易图序论》，序中云："近世有治《易》根于刘牧者，其说日不同。因购牧所为《易》图五十五首，观之则甚复重。"③ 李觏购得的《易》图是"根于刘牧"的"近世治《易》者"所传，说明李觏不但晚于刘牧，甚至可能晚于"根于刘牧"的"近世治《易》者"。李觏年长刘牧字先之两岁，则刘牧字先之不可能是他所说的易学家刘牧。李觏说的易学家刘牧，应当是北宋初期那位刘牧字长民。

由《郡斋读书志》记载的"吴秘献书"一事推测，易学家刘牧字长民卒于庆历之前，比胡瑗（993-1059）早去世十八年以上。胡瑗寿六十七，刘牧只要活到五十岁以上，则其生年就早于胡瑗。刘牧和胡瑗都曾官任太常博士，两人的易学，是宋初易学中颇具影响力的两支。胡瑗精通五经，著有《周易口义》，说《易》以义理为宗，弟子众多，其中包括程颐那样的高徒。刘牧专攻易学，著《刘长民易》《易数钩隐图》，以河图洛书之说著称于世，其弟子和再传弟子的著作见于历代书目。庆历初年，吴秘献刘牧一派易学著作于朝廷，得宋仁宗奖励，当世学者李

---

① 陈振孙：《直斋书录解题》卷一，文渊阁《四库全书》本，第十一页。
② 朱彝尊：《经义考》卷十六，中华书局影印 1936 年版《四部备要》本。
③ 李觏：《李觏集》卷四，中华书局 1981 年版，第 52 页。

觏、宋咸著书评论刘牧易学，阮逸伪著《关朗易传》攻击刘牧易学，坊间则流传着多个版本的《易数钩隐图》，凡此种种，都是一派学说风靡一时的景象。当刘牧的河图洛书之学流行之际，北宋五子中最年长的邵雍年方三十左右，被后人奉为理学开山的周敦颐只有二十余岁，考虑到当时刻板印刷业已发达，他们经由各种渠道受刘牧学说影响，当在情理之中。这样看来，《易数钩隐图》的作者刘牧字长民，当是宋明儒学的创始者之一。

辨明刘牧生平，再来看他的易学著作。以下准备讨论两个问题，一是《易数钩隐图》的版本流传，二是《遗论九事》与刘牧的关系。

现今流行的《易数钩隐图》有《通志堂经解》本、《四库全书》本和《道藏》本。《四库全书》本分上、中、下三卷，共五十五篇。其中上卷包括三部分内容：一至十篇，是从太极到八卦的推演；十一至十六篇，是关于大衍之数的讨论；十七至三十三篇，是关于阴阳五行与四象的讨论。中卷包括两部分内容：三十四至四十四篇，讨论阴阳交易相生；四十五至四十八篇，用阴阳交易释《易》。下卷为四十九至五十五篇，以及《龙图龟书论》。关于这一版本，《四库全书》之《提要》说："此本为通志堂所刊，何焯以为自《道藏》录出，今考《道藏》目录，实在'洞真部·灵图类·云字号'中。"[①] 胡玉缙《四库全书总目提要补正》则说："吴氏《绣谷亭薰习录》云：'是本为宋椠，通志堂据此翻刻者。'玉缙案：吴本明是宋本而《提要》以为通志本，岂进呈时别为一本耶！"[②] 这意味着四库馆臣可能搜集了不止一个版本的《易数钩隐图》。胡氏这个推测是成立的，其证据就在《四库全书》自身，因为《四库全书》的《易数钩隐图提要》对《遗论九事》的描述，竟与《四库全书》正文抄录的《遗论九事》不符。《易数钩隐图提要》说："其《遗论九事》，一为'太皞授龙马负图'，二为'六十四卦推荡诀'，三为'大衍之数五十'，四为'八

---

① 《钦定四库全书》经部一《易数钩隐图·提要》，文渊阁本。
② 胡玉缙撰，王欣夫辑：《四库全书总目提要补正》卷一，上海书店出版社1998年版，第22页。

卦变六十四卦'，五为'辨阴阳卦'，六为'复见天地之心'，七为'卦中九事'，八为'奇偶揲法'，九为'阴阳律吕图'。"①而《四库全书》所收《遗论九事》的九篇，却分别是《太皞氏授龙马负图》《重六十四卦推荡诀》《大衍之数五十》《八卦变六十四卦》《辨阴阳卦》《复见天地之心》《卦终未济》《蓍数揲法》《阴阳律吕图》。看来，四库馆臣确实得到了两个或两个以上版本的《遗论九事》，《易数钩隐图提要》撰写者所据的版本并不是《四库全书》最终抄录的那个版本。鉴于《四库全书》把《遗论九事》作为《易数钩隐图》的附属部分，则四库馆臣所收集到的《易数钩隐图》可能也有不止一个版本。

其实早在北宋初期或中期，已有多种版本的《易数钩隐图》并行于世。李觏《删定易图序论》说："因购牧所为《易》图五十五首……别有一本，黄黎献为之序者，颇增多诞谩。"②说明当时至少有两个版本流传。李觏评价当时的刘牧学派"其说日不同"，说明这些版本不只篇章结构有异，内容也可能有较大差异。宋末元初学者雷思齐《易图通变》卷五较为详尽地追述这种"其说日不同"的情况："（牧后学）师友自相推许，更为唱述，各于《易》间有注释，曰《卦德通论》，曰《室中语》，曰《记师说》，曰《指归》，曰《精微》，曰《通神》，亦总谓《周易新注》。每欲自神其事，及迹而究之，未见其真能有所神奇也。时则有李觏泰伯著《六论》以驳其非。"③李觏和雷思齐的记载，反映出北宋中期刘牧一派学术活动的实际情况。当时图书之学正处于生机勃勃的发展时期，在这样的时期，《易数钩隐图》被调整篇目，有所增删，是完全可能的。不只如此，在北宋以后，坊间刊刻《易数钩隐图》也未必十分严谨，不排除有增删修补的情况发生。兹列举北宋中期至清嘉庆年间记载《易数钩隐图》卷数、篇数、图数的文献如下：

---

① 《钦定四库全书》经部一《易数钩隐图·提要》，文渊阁本。
② 李觏：《李觏集》卷四，中华书局1981年版，第52页。
③ 雷思齐：《易图通变》卷五，文渊阁《四库全书》本，第4页。

时代	文献	内容	卷、篇、图数
北宋中期	李觏《删定易图序论》	世有治《易》根于刘牧者，其说日不同。因购牧所为《易》图五十五首，观之则甚重复。	五十五图
北宋中期	李觏《删定易图序论》	别有一本，黄黎献为之序者，颇增多诞漫。	多于五十五
南宋初期	郑樵《通志》	《易数钩隐图》三卷。	三卷
南宋前期	晁公武《郡斋读书志》（宋淳祐年间原刻袁州本）	《钩隐图》三卷。右刘牧撰，皆《易》数也，凡四十八图。并《遗事》九。	三卷、四十八图"《遗事》九"单列
南宋后期	陈振孙《直斋书录解题》	《易数钩隐图》二卷。太常博士刘牧长民撰。黎献所序。又有三衢刘敏士刻于浙右庾司者。其书三卷，与前本大同小异。	二卷本一三卷本一
宋末元初	雷思齐《易图通变》	自图南五传而至于刘长民，增至五十五图，名以《钩隐》。	五十五图
宋末元初	王应麟《玉海》引《中兴书目》	牧撰《易数钩隐图》一卷，采撷天地奇偶之数，自太极生两仪而下至于河图，凡六十四位，点之成图，于图下各释其义，凡四十八图。	一卷四十八图
宋末元初	马端临《经籍考》引《郡斋读书志》	晁氏曰："（刘长民）有《钩隐图》三卷，皆易之数也，凡五十五图，并《遗事》九。"	引晁氏说图数改为五十五
元代	脱脱等《宋史·艺文志》	刘牧《易数钩隐图》一卷。	一卷
明正统年间	杨士奇等《文渊阁书目》	刘氏《易数钩隐图》一部一册。	一册
明正统年间	正统《道藏》	收《易数钩隐图》三卷，《遗论九事》一卷。序曰："今夫撷天地奇偶之数，自太极生两仪而下，至于《复》卦，凡五十五位，点之成图，于逐图下各释其义。"	三卷五十五篇五十五图《遗论九事》单列
明万历年间	朱睦㮮《授经图》	《易数钩隐图》三卷。	三卷
清康熙年间	朱彝尊《经义考》	《周易先儒遗论九事》一卷（存），《易数钩隐图》（宋志一卷，存）。	一卷

（续表）

时代	文献	内容	卷、篇、图数
清康熙年间	朱彝尊《经义考》转引《郡斋读书志》	《钩隐图》三卷，皆《易》之数也，凡四十八图，并遗事九。	三卷 四十八图 "遗事九"单列
清乾隆年间	《四库全书》收袁州本《郡斋读书志》	《钩隐图》三卷。右刘牧撰，皆易之数也，凡四十八图，并遗事九。	三卷 四十八图 "遗事九"单列
清乾隆年间	《四库全书》收《易数钩隐图》	收《易数钩隐图》三卷，五十五篇，五十五图。附《易数钩隐图遗论九事》一卷。	三卷 五十五篇 五十五图 《遗论九事》附
清嘉庆年间	重刻衢州本《郡斋读书志》	《钩隐图》三卷。右刘牧撰，皆易之数也，凡五十五图。并《遗事》九。	三卷 五十五图 "《遗事》九"单列

考证《易数钩隐图》的原初版本，首先会注意到《删定易图序论》与《郡斋读书志》在图数上的分歧。《删定易图序论》的"图五十五首"，是最早的"五十五图说"。《郡斋读书志》的"四十八图"，是最早的"四十八图说"。这两种说法在后世文献中各有记载，似乎形成并行的两系。今传《易数钩隐图》图数与《删定易图序论》的记载一致，似可使"五十五图说"占据上风。不过《郡斋读书志》"三卷四十八图说"也不能简单否定。例如，以下情况即有利于"三卷四十八图说"：其一，今本《易数钩隐图》下卷七篇大致是关于《河图》《洛书》的讨论，很像一独立专题，这意味着上卷、中卷合并为一独立部分，下卷为另一独立部分。而上卷和中卷正好是四十八篇，这暗示着"四十八图"之说成立的某种可能性。其二，今本《易数钩隐图》上卷三十三篇，中卷十五篇，下卷七篇，三卷篇数悬殊。如果去掉下卷，再分上卷为两卷，则新的三卷本每卷篇数均衡，符合分卷刻印的初衷，这样既可使"四十八图"成立，又可保持"三卷"之数。其三，《删定易图序论》共有六《论》，其中《论一》至《论四》讨论《易数钩隐图》，采用问答体，共设十四个问答。十四个问答中，前几个问答讨论《河图》《洛书》，最后两个问答是关于"七日来复""临至于八月有凶"，并涉及遁卦，这正好对应今本《易数钩隐图》中卷的最后三篇，即《七日来复第四十六》《临卦八月有

凶第四十七》《遁卦第四十八》，表明李觏所见易图可能以《河图》《洛书》为始，到今本中卷之末图结束。其四，今本五十五篇的《易数钩隐图》的篇章结构与《易数钩隐图序》的说法不一致。《易数钩隐图序》有云："自太极生两仪而下至于《复》卦，凡五十五图。"① 今本《易数钩隐图》为中卷第四十六篇讨论《复》卦，靠近于中卷之末，而非下卷之末。以上四个方面的情况表明，"三卷四十八图说"也不能被轻易否定。

在对《郡斋读书志》的"三卷四十八图说"投以相当关注的同时，还可以对"五十五图说"提出怀疑。今传五十五篇本《易数钩隐图》卷下《河图天地数第五十》《洛书五行生数第五十三》《十日生五行并相生第五十五》之图分别与上、中两卷的《天地数五十有五第四》《两仪生四象第九》《二仪得十成变化第十一》之图重复。重复的内容出现在一部完整的著作中，总是有些可疑的。

综合以上情况，可知今传五十五篇的《易数钩隐图》不一定是刘牧手订之旧。

南宋以来，史家多把《周易先儒遗论九事》归入刘牧名下，《四库全书》更进一步把《周易先儒遗论九事》改名为《易数钩隐图遗论九事》，附于《易数钩隐图》书尾，坐实了南宋以来的说法。然而仔细对比《易数钩隐图》与《遗论九事》，发现两者思想观点有重大分歧，不大可能出自一人之手。②《遗论九事》应当是刘牧传自前人的资料，是《易数钩隐图》的思想来源之一，从《遗论九事》到《易数钩隐图》，正好反映出刘牧对图书之学的贡献。此事可略为条辨如下：

其一，《易数钩隐图》与《遗论九事》原本是两部分别刊行的著作。《四库全书》的《易数钩隐图提要》说："《遗论九事》……本别为一卷，徐氏刻《九经解》附之《钩隐图》末，今亦仍之焉。"③《九经解》即《通志堂经解》，由清初纳兰性德刊刻，其编纂者是徐乾学和何焯，文中"徐

---

① 刘牧：《易数钩隐图》，文渊阁《四库全书》本。
② 郭彧《续四库提要辩证》一文曾论及此点，见"孔子2000"网站同名贴文，2001年6月上载。
③《钦定四库全书》经部一《易数钩隐图·提要》，文渊阁本。

氏"即徐乾学。《通志堂经解》编辑于康熙十九年（1680），依四库馆臣考证，在此之前，《遗论九事》是独立刊行的，还没有附于《易数钩隐图》末。对于两书分别刊行的情况，南宋绍兴年间《秘书省续编到四库阙书目》记载："刘牧注《周易》十卷，刘牧撰《周易先儒遗事》一卷，刘牧撰《卦德统论》，刘牧撰《钩隐图》三卷。"①朱彝尊《经义考》亦载："刘氏（牧）《新注周易》，宋志十一卷（佚）；《卦德通论》，宋志一卷（存）；《周易先儒遗论九事》一卷（存）；《易数钩隐图》，宋志一卷（存）。"②可见，在《遗论九事》单独刊行时，或称为《周易先儒遗论九事》，或称为《周易先儒遗事》。书名中出现"先儒"二字，表明它是后人整理并刊印的前人的著作，从其署"刘牧撰"来看，整理者当为刘牧或刘牧后学。

其二，《遗论九事》与《易数钩隐图》的易学思想存在分歧。《易数钩隐图·两仪生四象第九》阐论四象云："经曰：'两仪生四象。'孔氏疏谓：'金木水火禀天地而有，故云两仪生四象。土则分王四季，又地中之别，惟云四象也。'且金木水火有形之物，安得为象哉！孔氏失之远矣。……若天一、地二、天三、地四，所以兼天五之变化，上下交易，四象备其成数，而后能生八卦矣。于是乎坎、离、震、兑居四象之正位。不云五象者，以五无定位，举其四则五可知矣。夫五上驾天一而下生地六，下驾地二而上生天七，右驾天三而左生地八，左驾地四而右生天九，此《河图》四十有五之数耳，斯则二仪所生之四象。"③文中批评孔颖达《周易正义》用五行疏解四象的做法，认为金木水火为有形之"物"，不得称之为"象"，认为一配六，二配七，三配八，四配九，这四组数字分布四方，成四位，方得称为"四象"。相比之下，《遗论九事》却这样谈论四象："原夫八卦之宗，起于四象。四象者，五行之成数也。水数六，除

---

① 宋绍兴年间官撰，叶德辉考证：《秘书省续编到四库阙书目》卷一，光绪二十八年叶氏古观堂刻本。
② 朱彝尊：《经义考》卷十六，中华书局影印1936年版《四部备要》本，第101页。
③ 刘牧：《易数钩隐图》卷上，文渊阁《四库全书》本，第8、10页。

三画为坎，余三画布于亥上成乾。金数九，除三画为兑，余六画布于申上成坤。火数七，除三画为离，余四画布于巳上成巽。木数八，除三画为震，余五画布于寅上成艮。此所谓四象生八卦也。且五行特举金木水火而不言土者，各王四时也。"①文中用金、木、水、火解释四象，正是《易数钩隐图》批评的观点。

《钩隐图·大衍之数第十五》与《遗论九事·大衍之数五十第十三》都是讨论大衍之数的专章，两者都认为大衍之数是由天地之数减五而来，而解说却不相同。《易数钩隐图》认为从天地之数五十五到大衍之数五十，是由于"天五退藏于密"。《遗论九事》则认为从天地之数五十五到大衍之数五十，是由于"五位父母密藏五子之用"。按照《易数钩隐图》的说法，天五藏在七九六八四象之中，四象各自含有天五。按照《遗论九事》的说法，五子藏于金、木、水、火、土五行之中，五行各藏其一，其和为五。两书不但说法有异，而且使用的图式也不相同，《易数钩隐图》以点画图，作为大衍之数的图式（见下左图），《遗论九事》则用天地之数生合五行图作为大衍之数的图式（见下右图）。

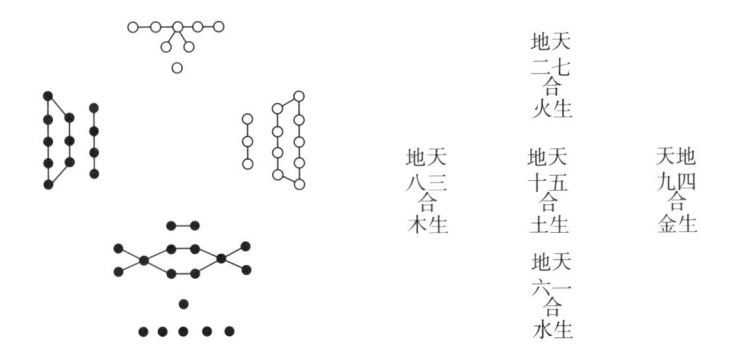

两书对"其用四十有九"的解说，也存在分歧。《遗论九事·大衍之数五十第三》以"虚一不用"释"其用四十有九"，说："虚天一而不用，象乎太极，而神功不测也。"②而《易数钩隐图》却不同意"虚一之数为太极"的成说，其《其用四十有九第十六》曰："韩氏注以虚一为太极，则

---

① 《钦定四库全书》经部一《易数钩隐图遗论九事》，文渊阁本，第3页。
② 同上注，第5页。

未详其所出之宗也。……若以太极为虚一之数，则是大衍当用五十有四也。"又曰："天地之数，十有五居其内，而外斡五行之数四十也。今止用四十有九者何也？盖由天五为变化之始，散在五行之位，故中无定象。又天一居尊而不动，以用天德也。天一者，象之始也，有生之宗也，为造化之主，故居尊而不动也。"①

综言之，《易数钩隐图》和《遗论九事》是两部著作，本来是分别刊行的。两书在"四象""大衍之数""大衍之图""其用四十有九"等问题上存在分歧，甚至对立，不可能出自一人之手。《遗论九事》保留了前人"金木水火为四象"说、"虚一之数为太极"说，这些观点已经被《易数钩隐图》继承发展，所以《遗论九事》也不大可能是刘牧后学所制，它应当是刘牧以前的"先儒"之"遗论"，经刘牧或其后学整理而成。

《遗论九事》虽非刘牧著作，但它是《易数钩隐图》的思想来源之一。《遗论九事》第一章《太皞氏授龙马负图》，即《易数钩隐图·龙图龟书论》中所谓的龙图。《遗论九事》第三章《大衍之数五十》的"天地生合五行图"，被《易数钩隐图》取为《洛书》。《遗论九事·论上》说："子午相去隔亥上之六，则六日也。六乃老阴之数，至于少阳来复，则七日之象明矣。"② 这个思想也被吸收在《易数钩隐图》第四十六章《七日来复》中："天有十日，阳上生也，至七为少阳。"③ 此外，《易数钩隐图》的"七日来复图"来自《遗论九事》的"复见天地之心图"，《易数钩隐图》的"乾独阳图""坤独阴图""离为火图""坎为水图""兑为金图""震为木图"，来自《遗论九事》的《辨阴阳卦》图式。《易数钩隐图》汲取《遗论九事》精华，提出新的象数思想，增加丰富的内容，是对《遗论九事》的继承和发展。

---

① 《钦定四库全书》经部一《易数钩隐图》卷上，文渊阁本，第18～19页。
② 《钦定四库全书》经部一《易数钩隐图遗论九事》，文渊阁本，第9页。
③ 《钦定四库全书》经部一《易数钩隐图》卷中，文渊阁本，第13页。

刘牧对周敦颐、邵雍可能发生的影响

——兼论朱震易学传承谱之可疑

北宋时期,受刘牧影响,图书之学日渐发达。两宋之交,朱震搜集各家学说写成《周易集传》《周易图》和《周易丛说》,他献书于朝廷,作《进周易表》,云:"臣闻商瞿学于夫子,自丁宽而下,其流为孟喜、京房。喜书见于唐人者,犹可考也。一行所集房之《易传》,论卦气、纳甲、五行之类,两人之言同出于《周易系辞》《说卦》,而费直亦以夫子十翼解说上下经,故前代号《系辞》《说卦》为《周易大传》。尔后马、郑、荀、虞各自名家,说虽不同,要之去象数之源犹未远也。独魏王弼与钟会同学,尽去旧说,杂之以老庄之言,于是儒者专尚文辞,不复推原《大传》,天人之道自是分裂而不合者七百余年矣。国家龙兴,异人间出,濮上陈抟以《先天图》传种放,放传穆修,穆修传李之才,之才传邵雍。放以《河图》《洛书》传李溉,溉传许坚,许坚传范谔昌,谔昌传刘牧。修以《太极图》传周敦颐,敦颐传程颢、程颐。是时,张载讲学于二程、邵雍之间。故雍著《皇极经世》之书,牧陈天地五十有五之数,敦颐作《通书》,程颐述《易传》,载造《太和》《三两》等篇,或明其象,或论其数,或传其辞,或兼而明之,更唱迭和,相为表里,有所未尽,以待后学。臣顷者游宦西洛,获观遗书,问遗请益,遍访师门,而后粗窥一二。造次不舍十有八年,起政和丙申,终绍兴甲寅,成《周易集传》九卷,《周易图》三卷,《周易丛说》一卷。以《易传》为宗,和会雍、载之论,上采汉、魏、吴、晋、元魏,下逮有唐及今,包括异同,补苴罅漏,庶几道离而复合。"① 朱震认为,自王弼、钟会以来,

---

① 朱震:《汉上易传》卷首《汉上易传表》,文渊阁《四库全书》本。

易学家专明人事，不讲天道，天人之道分裂数百年，而他自己则"补苴罅漏"，使天人之道"离而复合"。他把自己解释《周易》经传的书称为《周易集传》，汇集前贤众说而成《周易丛说》，又专门裒辑前人各种易学图式成《周易图》，凡此种种，都表现出一种"集大成"的愿望。他梳理北宋易学史，把分散的北宋图书之学诸家之说拢在一起，统归到共同的源头——陈抟，①大概出于这样一种巧思：易图是上古圣人所传，之所以千百年来不为世人所知，是因为此易图乃世外高人之秘传。有了这样一种谱系设计，既可上接上古圣人的道统，又可回避世儒的质疑。朱震《进周易表》之传承谱系整理如下：

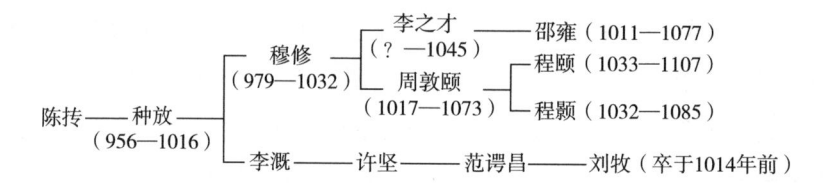

```
                         ┌─ 李之才 ──── 邵雍（1011—1077）
              ┌─ 穆修 ───┤   （？—1045）
              │  (979—1032) └─ 周敦颐 ┬── 程颐（1033—1107）
陈抟 ── 种放──┤             (1017—1073)└── 程颢（1032—1085）
        (956—1016)
              └─ 李溉 ──── 许坚 ──── 范谔昌 ──── 刘牧（卒于1014年前）
```

传承谱包括三个传授脉系，即陈抟到邵雍，陈抟到二程，陈抟到刘牧。其中，从穆修到周敦颐的授受关系备受学者怀疑。南宋湖湘学派学者胡宏曾作《通书序略》，云："《通书》四十章，周子所述也。周子名敦颐，字茂叔，舂陵人。推其道学所自，或曰传《太极图》于穆修也。传《先天图》于种放，种放传于陈抟。此殆其学之一师欤，非其至者也。"② 朱熹接踵胡宏，也认为《太极图》乃周敦颐自创，试图削弱陈抟与周敦颐的关系。朱熹弟子度正前跨一步，根据传闻，为周敦颐另寻师传，云："或谓先生与胡文恭公同师润州鹤林寺僧寿涯，或谓邵康节之父邂逅文恭于庐山，从隐者老浮图游，遂同授《易》书。所谓隐者，疑即寿涯也。"③ 其后，元代人刘因提出一说，对穆、周授受谱系构成致命冲击。刘因考证出穆修去世时周敦颐年纪尚小，两人不大可能有授受关系。近代学者

---

① 陈抟是宋人特别推崇的世外高人，是他传达了赵宋王朝"天命"的合法性。《郡氏闻见录》卷七载："华山隐士陈抟……常乘白骡，从恶少年数百，欲入汴州。中途闻艺祖登极，大笑坠骡曰：'天下于是定矣。'"
② 张伯行辑：《周濂溪集》卷七，正谊堂本，第1页。
③ 同上书卷十《年谱》，正谊堂本，第13页。

胡适也说："今读《穆集》，无一语及陈抟，可怪。朱震之说必是瞎说。因为穆修死时（1032）周敦颐（生于1017）只有十五岁，无传授之理。邵雍生于1011年，比周敦颐大六岁，尚且是穆的再传弟子，何况周呢？"①

传承谱系之陈抟到邵雍、陈抟到刘牧这两个传系，也有可疑。据现有文献可考，最早叙述这两个传系的，是邵雍之子邵伯温。邵伯温比朱震大十六岁，比其早去世四年，他著有《易学辨惑》和《邵氏闻见录》，又委托晁说之作《传易堂记》，这三部著作都谈到邵雍的学术渊源。《易学辨惑》云："先君受《易》于青社李之才字挺之……挺之之师即穆修也。修字伯长，汶阳人。……师事华山处士陈抟图南而传其学。……种放明逸亦传其象学。明逸授庐江许坚，许坚授范谔昌，由此一支，传于南方也。"②《传易堂记》云："至有宋，华山希夷先生陈抟图南，以《易》授终南种征君放明逸，明逸授汶阳穆参军修伯长，而武功苏舜钦子美亦尝从伯长学。伯长授青州李之才挺之，挺之授河南邵康节先生雍尧夫。惟康节先生天资既卓越不群，而夜不施枕，惟《易》之学者三十年，其兼三才而错综变通之妙，始大著明矣。自希夷而来，皆未尝有书，乃如子木、子夏之初欤？有庐江范谔昌者，亦尝受《易》于种征君，谔昌授彭城刘牧，而聱隅先生黄晞及陈纯臣之徒皆由范氏知名者也。其于康节之《易》，源委初同而浅深不伦矣。华山旧有希夷先生祠堂，而种征君实关辅之望，后之好事者并以绘征君之像，山中有隐者又知传《易》之所自，而并康节先生之像绘焉，榜之曰'传易堂'……康节先生之子伯温以说之，服勤康节之学，俾为之记，不得辞，乃具道《易》之授受本末兴废得失之由，以尊三先生之道，亦且效藏诸名山之意云。"③据以上两段文字，可以钩稽出下述传承关系：

陈抟——穆修——李之才——邵雍

陈抟——种放——穆修——李之才——邵雍

---

① 曹伯言整理：《胡适日记全编》（三），安徽教育出版社2001年版，第358页。
② 邵伯温：《易学辨惑》卷一，文渊阁《四库全书》本，第2、6页。
③ 晁说之：《嵩山文集》卷十六，《四部丛刊续编》本，第11页。

陈抟 —— 种放 —— 许坚 —— 范谔昌 —— 刘牧

这应当是朱震所述易学传承谱系中陈抟到邵雍、陈抟到刘牧两个传系的主要资料来源。当然，朱震编制易学传承谱，还参考了其他说法。由于各种说法并不一致，这就允许并要求他按照自己的意愿予以弥缝。例如，《郡斋读书志》载范谔昌学术渊源曰："《证坠简》一卷。右皇朝天禧中毗陵从事建溪范谔昌撰。……自谓其学出于溢浦李处约、庐山许坚。意者岂果有师承，故程、胡有所取焉。"① 李处约疑即李溉，则李溉、许坚同为范谔昌的老师，这层关系在朱震那里最后变成：

陈抟 —— 种放 —— 李溉 —— 许坚 —— 范谔昌 —— 刘牧

于是朱震的传承谱系可画成下图：

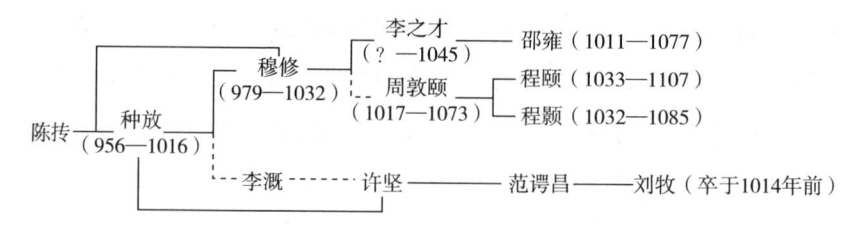

```
                                    ┌ 李之才 ── 邵雍（1011—1077）
                    ┌ 穆修 ────────┤  (?—1045)
                    │ (979—1032)   │ 周敦颐 ── 程颐（1033—1107）
陈抟 ── 种放 ───────┤              └ (1017—1073)── 程颢（1032—1085）
      (956—1016)    │
                    └ ─ 李溉 ── 许坚 ── 范谔昌 ── 刘牧（卒于1014年前）
```

图中实线是在朱震以前已递相传说的授受关系，虚线是朱震根据其他材料或者自己构想补入的授受关系。在邵伯温那里，《先天图》《河图》《洛书》都已归本于陈抟，朱震整理传承谱系，又进一步把周敦颐挂于穆修之下，使《太极图》归本于陈抟；又把李溉挂于种放之下，使《卦气图》归本于陈抟。这样，经邵伯温和朱震相继整理，北宋的重要易学图式，即《河图》《洛书》《太极图》《先天图》《卦气图》，就都归本于陈抟了。

根据前文考察，我们知道刘牧卒于庆历以前，其活动年代与宋初三先生为同时期，比李之才要早，而在邵伯温、朱震前后相继编定的传承谱系中，李之才处于陈抟以下三传的位置，刘牧处于五传的位置，刘牧的"辈分"立刻低于邵雍了。这颇启人疑窦的排列，与两宋之交图书之学的一段"刘邵之争"公案有关。

---

① 晁公武：《郡斋读书志》卷一，江苏古籍出版社1988年影印《宛委别藏》本，第10页。

公案起因于沈括《梦溪笔谈》如下记载:"江南人郑夬曾为一书谈《易》,其间一说曰:'乾坤大父母也,复姤小父母也。乾一变生复,得一阳。坤一变生姤,得一阴。乾再变生临,得二阳。坤再变生遁,得二阴。乾三变生泰,得四阳。坤三变生否,得四阴。乾四变生大壮,得八阳。坤四变生观,得八阴。乾五变生夬,得十六阳。坤五变生剥,得十六阴。乾六变生(未济)〔归妹〕,本得三十二阳。坤六变生(归妹)〔渐〕,本得三十二阴。乾坤错综,阴阳各三十二,生六十四卦。'夬之为书,皆荒唐之论,独有此'变卦'之说,未知其是非。予后因见兵部员外郎秦君玠,论夬所谈,骇然叹曰:'夬何处得此法?玠曾遇一异人授此数,历推往古兴衰运历,无不皆验,常恨不能尽得其术。西都邵雍亦知大略,已能洞吉凶之变。此人乃形之于书,必有天谴。此非世人得闻也。'予闻其言怪,兼复甚秘,不欲深诘之。今夬与雍、玠皆已死,终不知其何术也。"①文中出现三位人物郑夬、秦玠、邵雍,三人的易学,来源不同而内容相似。引人注目的是,这位秦玠并不像当时很多人那样推重邵雍,他认为邵雍于此种易学不过是"亦知大略"而已。

《梦溪笔谈》一出,邵雍的学术地位受到挑战。依《梦溪笔谈》记载,邵雍的易学未必是正宗嫡传,这是邵雍之子邵伯温无法忍受的,所以他专门写作《易学辨惑》以辟之。《易学辨惑》起首抄录了《梦溪笔谈》一段内容,然后写道:"窃惟我先君易学微妙玄深,不肖所不得而知也。其传授次第,前后数贤者本末在,昔过庭则尝闻其略矣。惧世之士大夫但见存中所记,有所惑也,乃作《辨惑》。"②邵伯温说,陈抟易图经穆修、李之才传至邵雍,成为北方一支,经种放、许坚传至范谔昌,为南方一支,邵雍之学乃是正宗嫡传。邵伯温攻击秦玠说,邵雍之学只传授大名王豫和荥阳张岷,二人皆早死,秦玠试图师从邵雍学习,邵雍"以其人颇好任数",没有答应。邵伯温接下来写道:"先君易学渊源传授本末,秦不能知,独以为洞吉凶之变,何其小也。谓得之异人,非世人

---

① 胡道静:《新校正梦溪笔谈》,上海人民出版社 2011 年版,第 62 页。
② 邵伯温:《易学辨惑》卷一,文渊阁《四库全书》本,第 2 页。

所闻，尤为怪诞，然亦有谓，盖指陈希夷而言也。"①秦玠似乎暗示自己是陈抟后学，因而学问比邵雍纯正可靠。可能正是这件事，促使邵伯温将邵雍之学也上溯至陈抟。

相对于批驳秦玠，邵伯温攻击郑夬更显严厉。他先指责郑夬偷窃邵雍易学："郑夬字扬廷，后以字为名，江东人，客游怀、卫间，依大姓宗氏。亦尝欲受教于先君，先君曰：'吾学于李挺之也，忘寒暑，忘昼夜，忘寝食，忘进取，挺之有所言，吾必曰："愿闻开端，无竟其说，请退而思之。"幸得之以为然，方敢自言，或未也，归而再思之，得之而后已。又走四方，就有道而正焉。凡山川风俗人情物理，吾皆究观之，有益于吾学者必取焉。今足下志在口耳，又多外慕，能去是而诚心一意，然后可以语此学。'夬固不能也。后秦玠在河内，尝语夬以王天悦传授先君之学，有所记录。夬力求之，天悦恶夬浮躁，不与。不幸天悦感疾且卒，夬闻之，赂其仆，就仆内窃得之，遂自以为己学。著《易传》《易测》《明范》《五经明用》数书，皆破碎妄作，穿凿不根。"②在邵伯温笔下，郑夬的学术品格已极为低下，然邵氏仍觉不够满意，他继续笔伐，说郑夬窃书入京师，补国子监生，用窃得的易学参加省试登第，后来做官，被上司发其脏罪，投窜南方，遇赦归来，过洛阳见邵雍，惭怍引咎。他甚至这样形容郑夬的相貌："不肖时在童稚，尚能记其状貌，白晳短小，轻狎人也。"③总之，在邵伯温笔下，郑夬从人品、学品到官品，从相貌到德行，无一是处。邵伯温如此诋毁郑夬，引发后人质疑，例如纪昀曾说："司马光集有《进郑夬〈易测〉札子》，称其'不泥阴阳，不涉怪妄，专用人事，指明六爻，求之等伦，诚难多得'，与伯温所辨，褒贬迥殊。光亦知《易》之人，不应背驰如是。"④邵伯温这样做自有其理由，他敏感地意识到，郑夬易学的出现，对邵雍学术地位的威胁远大于秦玠，不重笔讨伐，则不能扶正其父邵雍的学术地位。

---

① 邵伯温：《易学辨惑》卷一，文渊阁《四库全书》本，第13页。
② 同上注，第11页。
③ 同上注，第12页。
④ 《钦定四库全书》经部一《易学辨惑·提要》，文渊阁本。

文献中关于秦玠的记载不多，而郑夬却是易学史有名的人物。郑夬著有《易》书多部，《宋史·艺文志》著录："郑扬庭《时用书》二十卷，又《明用书》九卷，《易传辞》三卷，《易传辞后语》一卷。"① 郑夬进献易学著作于朝廷，司马光特为其写《荐郑扬庭札子》，文中云："伏见并州孟县主簿郑扬庭，自少及长，研精《易》道，撰著所传，成《易测》六卷，不泥阴阳，不涉怪妄，专用人事，指明六爻，求之等伦，诚难多得。臣不敢蔽，辄取进呈。"②《郡斋读书志》载："郑扬庭《周易传》十二卷。右皇朝郑夬扬庭撰。姚嗣宗谓刘牧之学授之吴秘，秘授之夬，夬又作《明数》《明象》《明传道》《明次例》《明范》五篇。"③ 书中言"刘牧之学授之吴秘，秘授之夬"，说明郑夬乃是刘牧的再传弟子，是刘牧后学中有名望的一个。

沈括《梦溪笔谈》和邵伯温《易学辨惑》，向我们透露的两宋之交图书之学这段公案，即刘牧后学郑夬与邵雍之子邵伯温的先天学正统地位之争，可称为"刘邵之争"。

邵伯温一方面贬斥郑夬人品不端，偷取邵氏学派之书，其学不得为正宗，另一方面把邵雍之学上溯至陈抟，从时间上盖过郑夬师祖刘牧，使邵雍获得学术领先地位。同时邵伯温无法彻底排除刘牧后学对邵氏学派的威胁，因而别出心裁地把刘牧也归本于陈抟，说他是南方一支（郑夬亦为"江南人"），且辈分隐然在邵雍之下。不过，邵伯温自己写的《易学辨惑》与他授意晁说之写的《传易堂记》存在诸多矛盾之处，不免露出此番"别出心裁"的马脚。《易学辨惑》说陈抟传穆修，而《传易堂记》说陈抟传种放，种放传穆修，此其一也。《易学辨惑》说种放和穆修都从学于陈抟，为同门友，而《传易堂记》却说种放是穆修的老师，此其二也。《易学辨惑》说范谔昌学于许坚，许坚学于种放，而《传易堂记》却说范谔昌直接学于种放，此其三也。邵雍去世时，程颢为其作《墓铭》曰："先生得之于李挺之，挺之得之于穆伯长，推其源流，远

---

① 脱脱等撰：《宋史》卷二〇二，中华书局1995年版，第5037页。
② 司马光：《传家集》卷二十，文渊阁《四库全书》本，第11页。
③ 晁公武：《郡斋读书志》卷一，江苏古籍出版社1988年影印《宛委别藏》本，第12页。

有端绪。"①邵雍弟子张崏为其师作《行状》曰:"先生少事北海李之才挺之,挺之闻道于汶阳穆修伯长,伯长以上,虽有其传,未之详也。"②两人都把邵雍学术渊源追溯至穆修,没有提到陈抟,认为穆修以上"未之详也"。陈抟是宋初高道,著名学者,他在五代宋初利用其文化和宗教影响力支持赵宋政权,获得执政者尊崇。如果邵雍之学果真源自陈抟,那么程颢、张崏一定会按照写作《墓铭》和《行状》之惯例,不遗余力加以渲染。邵雍去世时,邵伯温二十余岁。当年《墓铭》和《行状》未言及陈抟,而邵伯温却在数十年后忽然把陈抟至邵雍、陈抟至刘牧的传承关系说得这样清晰,这是令人生疑的。

邵伯温不是严谨的史家,他的说法不能全部信任。《邵氏闻见录》记邵雍言行,因颇涉妖妄,从南宋起备受学者讥议。《朱子语类》记载,弟子问:"伯温解《经世书》如何?"朱熹回答:"他也只是说将去,那里面曲折精微,也未必晓得。康节当时只说与王某,不曾说与伯温。模样也知得那伯温不是好人。"③

邵伯温用附会陈抟的办法巩固其父邵雍的学术地位,朱震为拢括北宋图书之学诸家学说于一统,将李溉置于种放和许坚之间。这两种做法,都有意无意地贬抑了刘牧。邵、朱二人相继编定的易学传承谱,模糊了刘牧的实际活动年代,以致到南宋时期人们误把活动于庆历年间的刘牧字先之错认作《易数钩隐图》的作者刘牧字长民。

庆历前后,刘牧图书之学流行于世,当时李觏等学者可以从书肆买到不止一个版本的《易数钩隐图》。此时,周敦颐和邵雍不过二三十岁,正是求学时期,他们几乎不可避免地受到刘牧之学的影响。已有学者注意到刘牧之学可能对周敦颐产生的影响,例如萧汉明说:"刘牧《易数钩隐图》首倡图书之学,在北宋初问世后,影响很大。刘牧将宇宙的原始

---

① 朱熹:《朱子全书》第十二册《伊洛渊源录》卷五,上海古籍出版社、安徽教育出版社2002年版,第985页。
② 同上注,第986页。
③ 黎靖德编:《朱子语类》卷一百,中华书局1994年版,第2547页。

形态定为'太极',其图为一圆圈,圈线上相间排列黑白点各五,这个图是他自己的制造。他说:'太极无数与象,今以两仪之气混而为一以画之,盖欲明二仪所从而生也。'接着又绘'太极生两仪'图,一上(白),二下(黑),三右(白),四左(黑),并云:'太极者,一气也,天地未分之前,元气混而为一。一气为判,是曰两仪。……若二气交则天一下而生水,地二上而生火,此则形之始也。五行既备而生动植焉。'将其思路理出,则为:太极生二气,二气生五行,五行生动植。李觏认为刘牧《易数钩隐图》过于烦琐,乃作《删定易图序论》六论,只存《河图》(九数)、《洛书》(十数)和《八卦》(后天)三图。李觏说:'吾以为天地之先,强名太极,其言易有太极,谓有此名曰太极者耳,非谓太极便有形也。''噫,其气虽兆,然比天地之有容体可见,则是无也。'他也是循着太极生二气,二气生五行,五行生万物的路数立论的。他将'太极'与老子的'道'或无极相比照,认为二者之间实无多大差别,他说,太极'如老子之言,恍惚中有物有象,不可一见有字,便指为实物实象也。'"又说:"周敦颐的宇宙衍化论,正是从刘牧、李觏这一思路中引申而来的。《易说》首句'无极而太极'的'而'字,与《论语·子路》'君子和而不同,小人同而不和',《论语·为政》'君子周而不比,小人比而不周'中的'而'字同训,所连前后词义相同或相近,应解为'就是'或'即是'之义,这显系受李觏影响所致。这样理解与他所绘《太极图》也是一致的。《太极图》的第一图只绘一个圆圈,象征太极,这个圆圈的周线上不标黑白点,以示无形无象,无疑是肯定了李觏对刘牧的批评。"① 萧论可归结为两点:一是刘牧的"太极生二气,二气生五行,五行生动植"思想经李觏传递到周敦颐,成为《太极图》和《太极图说》的思想来源;

---

① 萧汉明:《濂溪易学与北宋中期的政治改革》,载于《国际易学研究》第2辑。按,清人毛奇龄作《太极图说遗议》,指称《太极图》出于《道藏》中的《真元品》,黄宗炎作《图学辨惑》,称《太极图》本出自陈抟刻于华山石壁的《无极图》,对此二说,李申《易图考》辩驳甚详,他认为《真元品》中唐明皇序不避唐太宗讳,应为伪作,郭彧亦著文支持李申观点。然林忠军《周敦颐〈太极图〉易学发微》一文指出,不能排除原序避讳、后人改正的可能。此问题尚可存疑。萧汉明的讨论,显然指出了另一条富于启发性的路子。

二是周敦颐继承了刘牧《易数钩隐图》的太极图式，并采纳李觏的批评意见，去掉黑白点子，只保留一个圆圈，以示太极之无形无象，换言之，《太极图》顶上的圆圈，来源于刘牧。

刘牧与邵雍的学术关系，也值得讨论。记载邵雍生平的史料，主要有其朋友程颢写的《墓铭》、弟子张岷写的《行状》、儿子邵伯温写的《邵氏闻见录》《易学辨惑》，学者晁说之的《传易堂记》，以及沈括的《梦溪笔谈》、朱震的《进汉上易传表》和《宋史·邵雍传》等。根据这些文献，我们知道，当庆历年间刘牧之学盛行时，邵雍三十余岁，正孜孜求学，

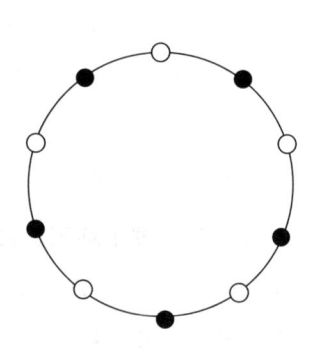

《易数钩隐图》太极图式

从时间上看，他有接受刘牧之学的可能。邵雍年轻时自雄其才，慷慨有大志，曾"游河汾之曲，以至淮海之滨""涉于济汶""达于梁宋"，游学地域广阔，从空间上看，他有接触刘牧之学的可能。邵雍"覃思于《易经》"，把《周易》抄贴于壁间，日诵数十遍，废寝忘食，从学习内容看，他更有接触刘牧之学的可能。以这三种可能性为背景，我们再来看《宋史·邵雍传》的记载："北海李之才摄共城令，闻雍好学，尝造其庐，谓曰：'子亦闻物理性命之学乎？'雍对曰：'幸受教。'乃事之才，受《河图》《洛书》、宓羲八卦六十四卦图像。之才之传，远有端绪，而雍探赜索隐，妙悟神契，洞彻蕴奥，汪洋浩博，多其所自得者。"① 当刘牧河图洛书之学流行之际，李之才向邵雍传授的学问中，竟赫然包括《河图》《洛书》，说明邵雍学习刘牧之学，已不是一般的自学，而是学有专师了。邵雍对《河图》《洛书》之深有研究，可从《皇极经世书·观物外篇》得到印证："圆者，星也。历纪之数，其肇乎此乎？方者，土也。画州井地之法，其仿乎此乎？盖圆者《河图》之数，方者《洛书》之文，故羲、文因之而造《易》，禹、箕叙之而作《范》也。"② 邵雍说《河图》的内容

---

① 脱脱等撰：《宋史》卷四百二十七，中华书局 1995 年版，第 12726 页。
② 《钦定四库全书》子部七《皇极经世书》卷十三《观物外篇上》，文渊阁本。

是"数",《洛书》的内容是"文",伏羲参照《河图》之数以画八卦,大禹效法《洛书》之文而陈九畴,其思想与《易数钩隐图·龙图龟书论》一致。

邵雍象数之学以《先天图》和推步之术为代表,那么作为邵雍学问核心内容的《先天图》,是否也与刘牧有关呢?刘牧《易数钩隐图》的主要内容,是基于"交易""配合""生成"三原则,阐论抽象的数如何生成两仪、四象、八卦,从而构建八卦成立以前的数理系统。邵雍活动于刘牧之后,以数学著称于世,他把易学区分为先天之学和后天之学,用先天之学解释八卦所自来,构建了八卦成立以前的另一种数理系统。邵雍之学,时人以为神奇,而刘牧一派,也"自神其说"。从学问特质看,两家易学有相通之处。据《梦溪笔谈》和《郡斋读书志》的记载,刘牧再传弟子郑夬的易学思想与邵雍极为相似,这暗示着邵雍先天之学与刘牧一派有密切关系。至此,已很难排除邵雍之学的某些因素来自刘牧的可能性。

关于刘牧与邵雍的关系,这里不妨略作小结:邵雍有条件接触到刘牧之学;李之才传授给邵雍的学问当中,包括刘牧之学;刘牧三传弟子郑夬之学与邵雍之学极其相似。因此,说刘牧之学是邵雍《先天图》的思想来源之一,应当不是冒险的推测。当然,邵雍学无常师,汪洋浩博,多所自得,其学术的独创之处,是不必由师传而得的。

以刘牧、周敦颐、邵雍为代表的北宋图书之学,确有相通和相似之处,故后人每欲融合之。朱震集成北宋图书之学,在著作形式上采用了集说、丛说的形式,在传承谱系上采用了一本多支,脉络分明的形式,其做法是形式上的和外在性的。朱震之后,朱熹集成北宋图书之学,修订图式,修改图说,推演数理,建立了严密的图书之学理论体系,完成了图书之学各家内在的融会贯通,其做法可说是内容上的和内在性的。

《易传》与《周易本义》关系考辨

朱熹注《易》，先草成《易传》，然后改编扩充《易传》写成《周易本义》。《易传》草成，即被传出窃印，广为传布，而此时《周易本义》正在修订，朱熹讲学常用这未定稿作教材，于是两种草稿长期并行。这两部草稿有相同之处，也有不同之处。《周易本义》注文基本上沿用《易传》注文，只略作修改，这是两者相同之处。《周易本义》选用的经书底本是吕祖谦考订的《古易经》，《易传》选用的经书底本是孔颖达《周易正义》所沿用的王弼本；《周易本义》卷首冠以九图，卷尾附《周易五赞》《筮仪》，《易传》没有相应内容；这是两者不同之处。朱熹不满意其早年的《易传》草稿，试图从坊间收回并将其销毁，而对晚年的《周易本义》定稿则大致满意，虽遭遇庆元党禁，仍然组织人力抄写并将其传播。

由于《易传》和《周易本义》是同一部著作在不同时期的稿本，所以无论朱熹本人、朱熹弟子还是当时世人，提到两部作品，称谓上都没有做严格区分。南宋以后，《易传》逐渐失传，唯存《周易本义》，始有学者误把朱熹批评《易传》的话移用于《周易本义》，从而得出"朱熹对《周易本义》很不满意"的误解。这种误解应当予以澄清。

南宋陈振孙《直斋书录解题》云："《易传》十一卷，《本义》十二卷，《易学启蒙》一卷。焕章阁待制侍讲新安朱熹晦庵撰。初为《易传》，用王弼本。复以吕氏《古易经》为《本义》，其大旨略同，而加详焉。首列九图，末著揲法。大略兼义理、占象而言。"① 南宋赵希弁《郡斋读书志附志》曰：《周易本义》十卷。右晦庵先生朱文公熹仲晦所定也，《发例》

---

① 陈振孙：《直斋书录解题》卷一，文渊阁《四库全书》本，第26页。

《筮仪》附。"① 南宋王应麟《玉海》曰:"淳熙《易学启蒙》《本义》。朱文公熹。淳熙四年《易本义》成,十二卷。又为诸图冠首,为《五赞》及《筮仪》附于末。"② 以上三家书录,大约皆记于朱熹殁后数十年。

后世史家多依从陈振孙《直斋书录解题》,例如元代马端临《文献通考》照录陈氏语,《宋史·艺文志》"朱熹《易传》十一卷。又《本义》十二卷",③ 也依从陈氏。

清代王懋竑怀疑陈振孙《直斋书录解题》记载有误,说:"今考之《文集》《语录》,皆未尝言有《易传》《本义》之异,后来纂辑诸书,亦未有言及此者,不知陈氏何据而云然也?"④ 因为心下有这个怀疑,故他著《朱子年谱》,没有依从陈振孙《直斋书录解题》,转而依从王应麟《玉海》,曰:"淳熙四年,《周易本义》成。"⑤

民国年间,白寿彝怀疑王应麟《玉海》记载有误而王懋竑因之亦误,说:"《玉海》和《年谱》所谓'《本义》成',大概是指《本义》初稿说;用《本义》当时的名字,应该说是'《易传》成'。"白寿彝又根据庆元年间朱熹《答孙敬甫书》"近觉衰耄,不能复有所进,颇欲传之于人"等语,判断:"《本义》至晚在庆元年间,总要有一个最后的定本。"⑥

其实王懋竑也曾看到被白寿彝引为证据的《答孙敬甫书》,但他怀疑这封书信,没有把它选入《朱子年谱》。其《朱子年谱考异》说:"按文集《答孙敬甫书》……其书在丙辰后,则《易本义》久已刊行,不当云'不敢出'。……以《别集》答孙季和、杨伯起书考之,殊不相类,今不载。"⑦ 今人束景南撰《朱熹作〈易传〉考》,批评王懋竑说:"王氏(懋竑)之疑与事实不合,朱熹自言作《易传》于文集昭昭可考。"又说:"(王氏)由

---

① 赵希弁:《郡斋读书志附志》卷五上,《续古逸丛书》本,第5页。
② 王应麟:《玉海》卷三十六,文渊阁《四库全书》本,第31页。
③ 脱脱等撰:《宋史》卷二〇二,中华书局1995年版,第5039页。
④ 王懋竑:《朱熹年谱》附《朱子年谱考异》卷二,中华书局1998年版,第335~336页。
⑤ 王懋竑:《朱熹年谱》卷二,中华书局1998年版,第82页。
⑥ 白寿彝:《〈周易本义〉考》,收于《周易研究论文集》第三辑,北京师范大学出版社1990年版。
⑦ 王懋竑:《朱熹年谱》附《朱子年谱考异》卷二,中华书局1998年版,第336页。

疑朱熹作《易传》进而疑《答孙敬甫书》，盖由先入之见而未之深考也。王氏之说实为无端致疑，而不知朱熹早年与晚年易学思想之演变转化。"①束景南根据吕祖谦《古易经》成书晚于淳熙四年而《周易本义》又以《古易经》为底本这个事实，断言淳熙四年所成的不可能是《周易本义》，只能是《易传》。至于《周易本义》成书年代，束景南则认为："《周易本义》成于淳熙十五年。"②

笔者认为，白寿彝、束景南主张朱熹先作《易传》，后作《周易本义》，证据充足，可以接受。不过束景南的论断"《周易本义》稿成于淳熙十五年八月"，仍可商榷。以下将以陈振孙、白寿彝、束景南所载所论为基础，讨论《易传》与《周易本义》之关系。

淳熙二年（1175），朱熹发明占学方法，着手注《易》，称为《易传》。手稿甫成，即被人传出刻印。草成并传出的时间，可判断为淳熙四年（1177），理由如下：第一，朱熹于淳熙二年开始注《易》，淳熙三年（1176）已注完上经，到淳熙四年注完整部《周易》是可能的。③第二，朱熹门人度正《书易学启蒙后》云："晦庵先生为《易传》，方脱稿，时天下已盛传之。"④第三，王应麟《玉海》称："朱文公熹，淳熙四年《易本义》成，十二卷。"⑤白寿彝、束景南、苏勇等人都判断其中"《本义》"实指《易传》。⑥当时，《易传》"天下已盛传之"，王应麟大概见到坊间刊刻的号称《本义》而实为《易传》的书，故著录"淳熙四年《易本义》成"。

《易传》被窃印的情形，文献多有记载。绍熙二年（1191），朱熹写信给孙季和，提到《易传》被人窃印之事说："近世言《易》者直弃卜筮而虚谈义理，致文义牵强无归宿，此弊久矣。要须先以卜筮占决之意求

---

① 束景南：《朱熹佚文辑考》，江苏古籍出版社1991年版，第645～646页。
② 同上注，第629页。
③《朱熹集》卷三十一《答张敬夫》第十八书云"今亦录首篇二卦拜呈"，说明淳熙二年（1175）十二月所注已不止二卦。《答吕伯恭》第四十七书云"方读得上经"，说明淳熙三年（1176）春天已注完上经。
④ 度正：《性善堂稿》卷十四，文渊阁《四库全书》本，第9～10页。
⑤ 王应麟：《玉海》卷三十六，文渊阁《四库全书》本，第31页。
⑥ 见白寿彝《〈周易本义〉考》，束景南《朱熹年谱长编》第594页，以及苏勇校注《周易本义》前言。

经文本意,而复以传释之,则其命词之意与其所自来之故皆可渐次而见矣。旧读此书,尝有私记未定而为人传出摹印。近虽收毁,而传布已多,不知曾见之否?其说虽未定,然大概可见。循此求之,庶不为凿空强说也。"①《易传》草稿迅速传刻,与当时科举制度有关。宋代科举考试重视经书大义,士子答题竞标新义以求歆动试官,因此,凡有新意的经学著作,立刻受到士子关注,不胫而走。当时刻书业已经发达,书籍印刻流传方便,畅销书籍一旦传出,要想收毁,谈何容易。《朱熹别集》卷六《答杨伯起》云:"某之谬说本未成书,往时为人窃出印卖,更加错误,殊不可读。不谓流传已到几间,更自不足观也。"②这封信写于庆元年间,此时朱熹手中《周易本义》仍未定稿,而《易传》则持续在坊间辗转流传。甚至朱熹去世后,坊间仍在传刻《易传》。陆游《跋朱氏易传》曰:"易道广大,非一人所能尽,坚守一家之说,未为得也。元晦尊程氏至矣,然其为说亦已大异,读者当自知之。嘉泰壬戌(1202)四月十二日老学庵识。"③这应当是书坊传刻《易传》,请陆游作的跋文。嘉定五年(1212),眉山杨仲禹合刊《易传》《易学启蒙》二书,朱熹门人度正跋云:"晦庵先生为《易传》方脱稿,天下已盛传之。正尝以为请,先生曰:'学者宜观《启蒙》。'时先生已授后山蔡季通,则谓正曰:'子往取而观之,《易》之学庶几可求矣。'先生盖不自以《易传》为善也。《启蒙》之为书,发明象数,以极乎天地万物之蕴,盖集古圣之大成也。然先生之于《易》,以为本为卜筮而作,方作《易传》时,其说已自如此。二书之指虽精粗之不同,而其大本亦未尝不同也。后之学者观之《易传》,则可见先生初年学《易》所以发明《彖》《象》《文言》者如此,观之《启蒙》,则可见先生后来学《易》所以举纲撮要,开示后学者如此。本末先后,自有次第,不可不知也。……嘉定五年冬十有一月门人度正谨书。"④从淳熙四年《易

---

① 朱熹:《朱熹集》附《朱熹别集》卷三《答孙季和》,四川教育出版社1996年版,第5398页。
② 同上书卷六《答杨伯起》,四川教育出版社1996年版,第5497页。
③ 陆游:《渭南文集》卷二十九《跋朱氏易传》,文渊阁《四库全书》本。
④ 度正:《性善堂稿》卷十四《书易学启蒙后》,文渊阁《四库全书》本。

传》传出，到度正为《易传》刻本作跋，《易传》流传坊间已三十五年。

在坊间传刻《易传》草稿的同时，朱熹对其《易》注做了多项重要修改，即：第一，改换《周易》底本；第二，改称"《本义》"；第三，修正若干注文；第四，卷首置九图。后两种改动留待他处讨论，此处主要讨论前两种改动。

改换《周易》底本和改称"《本义》"，似是同一事件的两个方面。陈振孙《直斋书录解题》记载："《易传》十一卷，《本义》十二卷、《易学启蒙》一卷，焕章阁待制侍讲新安朱熹晦庵撰。初为《易传》用王弼本，复以吕氏《古易经》为《本义》，其大旨略同而加详焉。"① 据此可知《易传》所据经书底本是王弼本，《周易本义》所据经书底本是吕氏《古易经》，底本变更，书名随即由"《易传》"改为"《本义》"。

所谓"王弼本"，是指孔颖达《周易正义》沿用的王弼《周易注》经书底本。其篇目结构，是《彖传》分附各卦卦辞后，《大象传》分附各卦卦辞后，《小象传》分附各卦爻辞后，《文言传》分附乾坤二卦后，《系辞传》以下，王弼没有注解，孔颖达取韩康伯注补之，分别为《系辞上传》《系辞下传》《说卦传》《序卦传》《杂卦传》。《周易正义》流行数百年，王弼本独尊于世，宋代注《周易》者大都沿用，朱熹写《易传》，也用这个本子。

王弼本是在东汉至三国曹魏之际逐渐形成的，它分传附经，已不是汉代经传分离的旧貌。宋人对此不满，想恢复汉代之旧，于是先后有吕大防著《周易古经》二卷，晁说之著《录古周易》八卷，薛季宣著《古文周易》十二卷，程迥著《古周易考》一卷，李焘著《周易古经》八卷，吴仁杰著《古周易》十二卷，都试图恢复汉代《周易》经书旧貌，而考订结果则互有出入。吕祖谦在诸家基础上编订《古易经》一卷，他把散见各卦的《彖传》《象传》《文言传》重新汇集成单独篇目，与《上经》《下经》《说卦传》《序卦传》《杂卦传》并列，形成了由《上经》《下经》《彖上传》《彖下传》《象上传》《象下传》《系辞上传》《系辞下传》《说卦

---

① 陈振孙：《直斋书录解题》卷一，文渊阁《四库全书》本，第26页。

传》《序卦传》《杂卦传》组成的十二篇本子，以符《汉书·艺文志》著录的"《易经》十二篇"之数，号称"古本"，此即"吕氏《古易经》"。

朱熹对《周易》本子有深入研究，尝撰《书嵩山古易跋后》回顾《周易》经书本子之演变，该文曰："先儒虽言费氏以《彖》《象》《文言》参解《易》爻，然初不言其分传以附经也。至谓郑康成始合《彖》《象》于经，则《魏志》之言甚明。而《诗疏》亦云：'汉初为传训者，皆与经别行，三传之文，不与经连。故《石经》书《公羊传》，皆无经文，而《艺文志》所载《毛诗故训传》，亦与经别。及马融为《周礼注》，乃云欲省学者两读，故具载本文而就经为注焉。'马、郑相去不远，盖仿其意而为之尔。……《孔疏》之言曰：'夫子作《象辞》，元在六爻经辞之后，以自卑退，不敢干乱先圣正经之辞，及至辅嗣之意，以为《象》者本释经文，宜相附近，其义易了，故分爻之《象辞》，各附其当爻下言之。'此其以为夫子所作元在经辞之后，为夫子所自定，虽未免于有失，而谓辅嗣分爻之《象》以附当爻，则为得之。……其实今所定复为十二篇者，古经之旧也。王弼注本之乾卦，盖存郑氏所附之例也。坤以下六十三卦，又弼之所自分也。"①跋文对《周易》本子演变及其复古理由言之甚详，但是朱熹考订《周易》古本之用意，却不像吕祖谦等人那样单纯为着复古。淳熙九年（1182）夏，他在临漳刊行吕氏《古易经》，跋曰："熹尝以谓《易经》本为卜筮而作，皆因吉凶以示训戒，故其言虽约，而所包甚广。夫子作传，亦略举其一端，以见凡例而已。然自诸儒分经合传之后，学者便文取义，往往未及玩心全经，而遽执传之一端，以为定说。于是一卦一爻，仅为一事，而《易》之为用，反有所局，而无以通乎天下之故。若是者，熹盖病之，是以三复伯恭父之书而有发焉，非特为其章句之近古而已也。"②朱熹这时已经产生"经传思想有异"的认识，认为王弼分经合传的本子，会误导读者以传义取代经义，而吕氏《古易经》把经与传

---

① 朱熹：《朱熹集》附《遗集》卷三，四川教育出版社1996年版，第5690页。
② 朱熹：《朱熹集》卷八十二《书临漳所刊易经后》，四川教育出版社1996年版，第4248页。

分开，可以排除传文对经文本义的干扰。这个想法直接促使他改用吕氏《古易经》作经书底本，其《易传》也因此改称《本义》。

根据现有文献，朱熹改称《易传》为《本义》，最早见于淳熙十五年（1188）写给蔡季通的书信，书云："某所遣请祠人竟未归……《本义》已略具备，觉取象之说不明，不甚快人意耳。今文之误，先儒旧说可证验处甚多，所欲改更，皆非今日之臆说也。俟月末携去看，恐人多看不得耳。"①

"《易传》"之名本无特别含义，盖"易传""易说""易解""易义"都是当时学者撰写易学著作时常用的书名，朱熹早年称自己的《易》注为"《易传》"，只是沿袭时人惯例。他在称自己的《易》注为"《易传》"的同时，有时又称之为"《易说》"，例如淳熙六年（1179）他写信给皇甫文仲，说道："所喻《易说》，实未成书，非敢有吝于贤者。然其义理不出《程传》，但节得差简略耳。"②甚至在其《易》注正式命名为"《本义》"后，仍偶尔称《本义》为"《易传》"，例如庆元二年（1196）或稍后，朱熹写信给孙敬甫说："《易传》初以未成书，故不敢出。近觉衰耄，不能复有所进，颇欲传之于人。而私居无人写得，只有一本，不敢远寄。俟旦夕抄得，却附便奉寄。但近缘伪学禁严，不敢从人借书吏，故颇费力耳。"③信中"《易传》"，也应当是《本义》的宽泛称谓。比较"《易传》""《易说》""《本义》"等称谓可知，"《本义》"是专称，专指以吕氏《古易经》为底本的《易》注，"《易传》""《易说》"是宽泛称谓，既可用来指称底本更改前的《易》注，又可指称底本更改后的《易》注。

经以上讨论，关于朱熹《易》注的一些情况已比较明晰，即淳熙二年（1175）始注《易》，泛称"《易传》"或"《易说》"。淳熙四年（1177）《易》注草成，被人窃印，流行坊间，名为"《易传》"。后来，吕祖谦

---

① 朱熹：《朱熹集》附《朱熹续集》卷二《答蔡季通》，四川教育出版社1996年版，第5175～5176页。
② 同上书卷五《答皇甫文仲》，四川教育出版社1996年版，第5448页。据陈来《朱子书信编年考证》，该信写于淳熙六年（1179）。
③ 朱熹：《朱熹集》卷六十三《答孙敬甫》，四川教育出版社1996年版，第3308页。

编定《古易经》，朱熹取之作底本，并改称用此底本的"《易传》"为"《本义》"。

但是仍有两件事必须予以澄清。第一件，与《朱熹集》卷六十《答刘君房》第二书有关，书云："所喻读《易》甚善。此书本为卜筮而作，其言皆依象数以断吉凶。今其法已不传，诸儒之言象数者例皆穿凿，言义理者又太汗漫，故其书为难读。此《本义》《启蒙》所以作也。然《本义》未能成书，而为人窃出，再行摹印，有误观览。"①这封书信作于庆元年间，是朱熹晚年的书信。信中提到"《本义》未能成书而为人窃出，再行摹印"，很多人据此断定后世相传的《周易本义》是"未能成书"的未定之作。白寿彝的看法与众不同，他认为在朱熹心目中，其《易》注，无论《易传》还是《本义》，前后乃是同一部著作，所谓"《本义》未能成书而为人窃出"，是用《本义》名称已立之后的称谓称呼《本义》名称未立之前的《易传》。②很多学者没有注意到《答刘君房》信中"《本义》"的类似含义，只从字面意义上理解，因此误读该信。其实，当年朱熹弟子度正早已注意到这一点，他的《书晦庵〈易学启蒙〉后》一文，在引用《答刘君房》第二书之后，专门加了一句话："所谓'《本义》'者，今世所传《易传》是也。"③度正的意思是说，朱熹说的"《本义》"，不是指朱熹晚年修定的那个《本义》，而是指当时坊间流传的"早期《本义》"亦即《易传》。因为当时两书并行，一为《本义》，一为《易传》，度正担心读者误将实指《易传》的"早期《本义》"理解成真正的《本义》，故在跋文中特意指明。可惜后来人们连度正的话也一并误读，拿来当作"《本义》为早年未定之作"的证据。

需要澄清的第二件事，是清人王懋竑不相信陈振孙《直斋书录解题》关于《易传》和《本义》的记载，他的《朱子年谱考异》说："今考之《文集》《语录》，皆未尝言有《易传》《本义》之异，后来纂辑诸书，亦

---

① 朱熹：《朱熹集》卷六十《答刘君房》，四川教育出版社1996年版，第3102页。
② 白寿彝：《〈周易本义〉考》，收入《周易研究论文集》第三辑，北京师范大学出版社1990年版。
③ 度正：《性善堂稿》卷十四，文渊阁《四库全书》本，第12页。

未有言及此者，不知陈氏何据而云然也？"①针对王氏的怀疑，束景南著有《朱熹作〈易传〉考》一文，力证朱熹曾作《易传》。②其实，反驳王氏之说，还另有一简捷的办法，即要求王氏提供其出言证据。朱熹、陈振孙二人活动年代有交错，陈氏记载朱熹事迹，是当世人记当世事，我们不应该轻易怀疑之。《直斋书录解题》著录"《易传》十一卷、《本义》十二卷"，两部书名称不同，卷数不同，所据底本不同，分明是两部著作。考虑到陈氏既是藏书家、目录家，又是易学家，即可推定，这两部书应当是陈氏万卷藏书中的两部。在南宋之后的数百年间，从来没有人怀疑陈振孙的记载，如果清人王懋竑想在数百年之后推翻陈氏之说，必须拿出有力的证据才能令人信服。如果没有证据，我们还是应当相信《直斋书录解题》的记载。

澄清上述两件事后，接下来讨论《周易本义》成书时间问题。

束景南对朱熹易学著作多有考辨，除《朱子大传》和《朱熹年谱长编》中零金碎玉的精辟见解外，又著有《朱熹作〈周易本义〉与〈易九图〉〈筮仪〉真伪考》《朱熹未作〈古易音训〉考辨》《朱熹作〈易传〉考》《朱熹校正程氏〈易传〉及〈晦庵先生校正周易系辞精义〉真伪考辨》等论文，对历史上误解朱熹易学著作的现象颇有廓清扶正之功。尤其根据《易传》用王弼《周易》作底本而《本义》用吕祖谦《古易经》作底本的史实，论证"朱熹先作《易传》，中作《启蒙》，后作《本义》"，实属精当，可引为定论。然其"《周易本义》成于淳熙十五年"之说，却似有商榷余地。

束景南考证"《周易本义》成于淳熙十五年"，主要论据有三条，分别是《朱熹续集》卷二《答蔡季通》第七十、《朱熹集》卷五十九《答陈才卿》第十四、《朱熹集》卷五十五《答苏晋叟》第二。束景南根据《答蔡季通》考证《周易本义》草成于淳熙十五（1188）年七月，根据《答陈才卿》考证《周易本义》刊刻于淳熙十五年九月，又根据《答苏晋叟》

---

① 王懋竑：《朱熹年谱》附《朱子年谱考异》卷二，中华书局1998年版，第335～336页。
② 束景南：《朱熹佚文辑考》，江苏古籍出版社1991年版，第645～651页。

考证《周易本义》在淳熙十五年九月刻板已成。其中第一项考证当无疑义，而后两项考证则有待商榷。

作为第一条证据的《答蔡季通》第七十，作于淳熙十五年（1188）七月末，文中云："某所遣祠人竟未归，不审何说。利往之亨，窃恐未可必也。……《本义》已略具备，觉取象之说不明，不甚快人意耳。今文之误，先儒旧说可证验处甚多，所欲改更，皆非今日之臆说也。俟月末携去看，恐人多看不得耳。"① 书中"今文之误"，当指《周易》王弼本，"所欲改更"，当指改换《周易》底本一事，"《本义》已略具备"，是说改换底本的工作已基本完成。束景南《朱熹年谱长编》据此断定"其时《周易本义》已草成"，当无疑义。

作为第二条证据的《答陈才卿》第十四，作于淳熙十五年（1188）九月后，② 文中云："所谕诚意之说，只旧来所说为是。昨来《章句》却是思索过当，反失本旨，今已改之矣。正叔、子融相聚累日，多得讲论……康节文字，二兄亦已见之。熹亦不能尽究其说，只《启蒙》所载为有发于《易》，他则别成一家之学。季通近编出梗概，欲刊行，旦夕必见之。然亦不必深究也。"③ 束景南《朱熹年谱长编》认为，"他则别成一家之学"，是指《周易本义》一书，"季通近编出梗概，欲刊行"，是指由蔡元定刊刻《周易本义》一事，然后总结说："可见《周易本义》七月草成，至九月已由蔡元定刊刻。"④ 其实，这封信的"康节文字"到"亦不必深究也"一段，一直在说邵雍之学，与《周易本义》无关。朱熹把邵雍之学分成两部分，一部分是"有发于《易》"的先天之学，即今传《观物内外篇》的内容；一部分是"别成一家之学"的推步之学，即今传《皇极经世书》的内容。朱熹重视先天之学，将其收入《易学启蒙》，对推步之术则不大感兴趣，较少研究。而蔡季通却对《皇极经世书》很有研究，

---

① 朱熹：《朱熹集》附《朱熹续集》卷二《答蔡季通》，四川教育出版社1996年版，第5175～5176页。
② 陈来《朱子书信编年考证》认为该信作于淳熙十六年（1189）。
③ 朱熹：《朱熹集》卷五十九《答陈才卿》，四川教育出版社1996年版，第3062页。
④ 束景南：《朱熹年谱长编》，华东师范大学出版社2001年版，第913页。

著有《皇极经世指要》。信中所谓"季通近编出梗概",当是指《皇级经世指要》这本书。因此,朱熹信中这段话可解释为:"邵雍的著作,二兄已经见到了,我也不能把它全部搞明白。其中先天之学部分对《周易》有所发明,我已收入《易学启蒙》。推步之学的部分,别成一家之学,与《周易》没有什么关系,我没有研究。蔡季通近来著成《皇极经世指要》,正在刊刻,很快就能面世。但邵雍的这部分内容没什么价值,是不必深究的。"经此解读,即可知蔡元定欲刊刻而朱熹又说"不必深究"者,乃是《皇极经世指要》,不是《周易本义》。

讨论至此,作为第三条证据的《答苏晋叟》已不辨自明,该书云:"《易图》昨亦有书粗论其意,后来有少改更,修版未毕,他日当寄去。"[①]束景南认为"《易图》昨亦有书粗论其意"指《周易本义》,这样解读,乃是以第二条证据为基础的。今已辨明第二条证据不能成立,于是第三条证据也随之不能成立了。这封信中"《易图》昨亦有书粗论其意"若理解为《易学启蒙》,或许更恰当些。那么淳熙十三年《易学启蒙》成书刊刻后,朱熹又修改多年,淳熙十五年"修版未毕",是可以理解的。

---

① 朱熹:《朱熹集》卷五十五《答苏晋叟》,四川教育出版社1996年版,第2810页。

从《朱子语类》看《周易本义》成稿过程

关于《周易本义》的成书时间，除束景南的"五十九岁说"（淳熙十五年，1188）外，比较有代表性的意见，是王懋竑的"四十八岁说"（淳熙四年，1177）和白寿彝、朱伯崑的"晚年说"。白寿彝说："从淳熙二年属稿起，到庆元年间成书止，《本义》著作时间，连中间间断的时候也算在内，要经过二十年以上的岁月。"① 朱伯崑说："《本义》于《启蒙》前并未成书，大体于晚年封笔。今所传《周易本义》本，当出于《启蒙》之后。"② 朱熹一生对其重要著作总是屡加修改，《周易本义》也如此。

以前学界讨论《周易本义》的修订过程，大都从朱熹《文集》寻找资料。笔者认为，《朱子语类》记载的易学资料十分丰富，也应引起重视。《朱子语类》附有《语录姓氏》，据之可以考证大部分语录的记载时间，很适合研究朱熹易学思想之演变。《朱子语类》所记不同时期的朱熹易说，留下了朱熹易学思想演变的轨迹。详考这些内容可知，朱熹晚年曾长期修改《周易本义》手稿，最后封笔于庆元四年（1198），时年六十九岁。封笔之后，虽偶尔提出新见解，却不再改入《周易本义》。

《周易本义》《朱子语类》和《朱文公易说》中，至少有十则材料，表明朱熹在五十七岁到六十九岁的十余年间，曾持续修订《周易本义》的底稿。

首先提取的三则材料，来自《周易本义》本身。其中《系辞上传》

---

① 白寿彝：《〈周易本义〉考》，该文收入《周易研究论文集》第三辑，北京师范大学出版社1990年版。
② 朱伯崑：《易学哲学史》第二卷，华夏出版社1995年版，第411页。

"大衍之数五十"一章注云:"其可推者,《启蒙》备言之。"① 又"易有太极,是生两仪"一章注云:"详见《序例》《启蒙》。"② 又"河出图、洛出书,圣人则之"一段注云:"《河图》《洛书》,详见《启蒙》。"③《易学启蒙》成书于淳熙丙午(1186),朱熹时年五十七岁。《周易本义》注文多次提到《易学启蒙》,说明朱熹五十七岁以后曾修改《周易本义》底稿。

第四则材料见载于《朱子语类》卷七十四,共有三条语录,它们表明朱熹在五十九岁后曾修改《周易本义》底稿。首先,黄㽦记录朱熹五十九岁时讲论《系辞传》"刚柔相摩,八卦相荡"说:"'八卦相荡',是说奇偶杂而为八卦。一说'八卦相荡'而成六十四卦。"④ 这时朱熹认为"八卦相荡"有两种解释,一种是"奇偶杂而为八卦",一种是"八卦相荡成六十四卦",且倾向于取"奇偶杂而为八卦"解释"八卦相荡"。五年以后,即朱熹六十四岁时,再次讲论"八卦相荡",就不再用"奇偶杂而为八卦"说,而专取"八卦相荡成六十四卦"说,见同卷夒渊录:"'摩',是那两个物事相摩戛。'荡',则是圜转推荡将出来。'摩'是八卦以前事,'荡'是八卦以后为六十四卦底事。'荡'是有那八卦了,团旋推荡那六十四卦出来。"⑤ 查今本《周易本义》,相应注文为:"六十四卦之初,刚柔两画而已。两相摩而为四,四相摩而为八,八相荡而为六十四。"⑥ 这与朱熹六十四岁时的观点相同。据此推断,《周易本义》这段注文当修改于朱熹五十九岁以后。

第五则材料,是载于《朱子语类》卷七十四的另外四条语录,它们

---

① 朱熹:《朱子全书》第一册《周易本义》,上海古籍出版社、安徽教育出版社2002年版,第131页。
② 同上注,第134页。
③ 同上。
④ 黎靖德编:《朱子语类》卷七十四,中华书局1994年版,第1885页。根据《朱子语类》之《语录姓氏》,黄㽦闻于淳熙戊申(1188),朱熹时年五十九岁。
⑤ 同上注,第1878页。根据《朱子语类》之《语录姓氏》,夒渊闻于绍熙癸丑(1193),朱熹时年六十四岁。
⑥ 朱熹:《朱子全书》第一册《周易本义》,上海古籍出版社、安徽教育出版社2002年版,第123页。

表明朱熹在五十九岁后曾修改《周易本义》底稿。四条语录都记载朱熹对《系辞传》"效法之谓坤"的训解。第一条语录，是周谟记朱熹五十岁以后语："'效'字难看，如'效力''效诚'之'效'，有陈献底意思。"① 第二条语录，是万人杰记朱熹五十一岁以后语："'效'者，'效力'之'效'。效法，则效其形法而可见也。"② 第三条语录，是黄㽦记朱熹五十九岁时语："'效'，如'陈效'之'效'，若今人言'效力'之类。"③ 第四条语录，是畏渊记朱熹六十四岁时语："'效'犹'呈'，一似说'效犬''效羊''效牛''效马'，言呈出许多物。"④ 四条语录对"效"字的训解前后一致，区别仅在精密度。朱熹认为，"'效'字难看"，直到五十九岁时尚未找到一个精密的训解。最迟到六十四岁，朱熹终于找到比较满意的训诂："效犹呈。"核查今本《周易本义》，相应注文为："效，呈也。"⑤ 这与朱熹六十四岁时观点相同。可知《周易本义》此段注文当写于朱熹五十九岁以后。

第六则材料，是载于《朱子语类》卷六十九的两条语录，它们表明朱熹在六十岁前后曾修改《周易本义》底稿。第一条语录，畏渊记录朱熹六十四岁时讲论《文言传》"大哉乾乎，刚健中正，纯粹精也"曰："'刚健中正'，为其嫌于不中正，所以说个'中正'。阳刚自是全体，岂得不中正！这个因近日赵善誉者著一件物事说道：'只乾坤二卦便偏了。乾只是刚底一边，坤只是柔底一边。'某说与他道：'圣人作一部《易》，如何却将两个偏底物事放在疋头？如何不讨个混沦底放在那里？'注中便是破他说。"⑥ 赵善誉生于绍兴十四年（1143），卒于淳熙十六年（1189）。朱熹与赵善誉论《易说》，是在赵善誉提举荆湖北路常平茶盐期

---

① 黎靖德编：《朱子语类》卷七十四，中华书局1994年版，第1902页。根据《朱子语类》之《语录姓氏》，周谟闻于淳熙己亥（1179）以后，即朱熹五十岁以后。
② 同上注，第1903页。根据《朱子语类》之《语录姓氏》，万人杰闻于淳熙庚子（1180）以后，即朱熹五十一岁以后。
③ 同上注，第1902页。
④ 同上注，第1903页。
⑤ 朱熹：《朱子全书》第一册《周易本义》，上海古籍出版社、安徽教育出版社2002年版，第127页。
⑥ 黎靖德编：《朱子语类》卷六十九，中华书局1994年版，第1730页。

间，即淳熙十一年（1184）六月到淳熙十三年（1186）之间。①朱熹用自己的"注"破赵善誉的"说"，当在他与赵善誉讨论《易说》之后，与晏渊谈论"刚健中正"之前，亦即朱熹六十岁前后的数年之内。《朱子语类》卷六十九的另一处语录，记载了朱熹用来"破赵氏"的具体内容："乾'刚健中正'。或谓'乾刚无柔，不得言中正'。先生尝言：'天地之间，本一气之流行而有动静耳。以其流行之统体而言，则但谓之乾而无所不包。以动静分之，然后有阴阳刚柔之别。'"②"或谓"，指赵善誉《易说》。"先生尝言"，指朱熹的"注"。根据董铢这个记录，"先生尝言"是针对赵善誉《易说》而发。查今本《周易本义》，相应注文为："天地之间，本一气之流行而有动静耳。以其流行之统体而言，则但谓之乾而无所不包矣。以其动静分之，然后有阴阳刚柔之别也。"③正是"先生尝言"。《周易本义》这段注文用以破赵善誉《易说》，其写入《本义》的时间，当在淳熙十六年前后，即朱熹六十岁前后。

第七则材料，见载于《朱子语类》卷七十，为晏渊所闻，它表明朱熹在六十四岁以后曾修改《周易本义》底稿。语录记载朱熹讲论《象上传》"㧑谦，不违则也"说："'㧑谦'，言发扬其谦。盖四是阴位，又在上卦之下，九三之上，所以更当发㧑其谦。'不违则'，言不违法则。"④这条语录，晏渊记载于绍熙癸丑（1193）。根据这次讲论，我们知道朱熹六十四岁时对"不违则也"的解释是"不违法则"。后来，朱熹修改了这个说法。最迟到七十岁时，朱熹已将其修改为"不为过"，事见《朱子语类》卷七十，刘砺录："六四'㧑谦'，是合如此，不是过分事，故某解其

---

① 见朱熹：《朱熹集》卷四十五《答虞士朋》，四川教育出版社1996年版，第2140页。文中云："昨承寄示赵仓《易》《论语》说，足浣愁疾。"宋代称提举常平茶盐为"提仓"，据楼钥《攻媿集》卷一〇二《朝奉郎主管云台观赵公墓志铭》，赵善誉于淳熙十一年（1184）六月到淳熙十三年（1186）提举荆湖北路常平茶盐，朱熹书中所称"赵仓《易》"，即指赵善誉《易》说。
② 黎靖德编：《朱子语类》卷六十九，中华书局1994年版，第1730页。
③ 朱熹：《朱子全书》第一册《周易本义》，上海古籍出版社、安徽教育出版社2002年版，第149页。
④ 黎靖德编：《朱子语类》卷七十，中华书局1994年版，第1769页。

《象》云：'言不为过。'"①查今本《周易本义》，注文为："言不为过。"②当是朱熹六十四岁以后修改的结果。

第八则材料，见载于《朱子语类》卷七十一，亦为夔渊所闻，这则材料也表明朱熹在六十四岁以后曾修改《周易本义》底稿。语录记载朱熹讲论离卦六二爻，曰："六二中正，六五中而不正。今言'丽乎正''丽乎中正'，次第说六二分数多。此卦唯这爻较好，然亦未敢便恁地说，只得且说'未详'"。③"未详"二字，为当时朱熹的《易传》或《本义》注文。查今本《周易本义》，却并无"未详"二字，径注曰："黄，中色。柔丽乎中而得其正，故其象占如此。"④这个改动当发生在夔渊所闻之后，即朱熹六十四岁以后。

第九则材料，见载于《朱子语类》卷七十，为董铢所闻，它表明朱熹六十七岁以后曾修改《周易本义》底稿。此条语录曰："问：'大师克相遇'，《本义》无说，何也？曰：旧说只用大师克胜之，方得相遇。或云大师之克，见二阳之强，则非也。铢曰：二五本自同心，而为三四所隔，故'先号咷'，'先'谓理直也。大师克而后相遇，则后笑矣。盖亦义理之同，物终不得而间之，故相遇也。先生颔之。"⑤"'大师克相遇'，《本义》无说"，说明当时《周易本义》手稿尚未注同人卦"大师克相遇"一句。查今本《周易本义》，则注曰："五刚中正，二以柔中正相应于下，同心者也。而为三四所隔，不得其同。然义理所同，物不得而间之，故有此象。"⑥注文内容似取自董铢所论。董铢所闻，在庆元二年（1196）以后。朱熹取董铢说入《周易本义》手稿，应是庆元二年以后，即朱熹

---

① 黎靖德编：《朱子语类》卷七十，中华书局1994年版，第1769页。根据《朱子语类》之《语录姓氏》，刘砺闻于庆元己未（1199），朱熹时年七十岁。
② 朱熹：《朱子全书》第一册《周易本义》，上海古籍出版社、安徽教育出版社2002年版，第45页。
③ 黎靖德编：《朱子语类》卷七十一，中华书局1994年版，第1808页。
④ 朱熹：《朱子全书》第一册《周易本义》，上海古籍出版社、安徽教育出版社2002年版，第57页。
⑤ 黎靖德编：《朱子语类》卷七十，中华书局1994年版，第1765页。
⑥ 朱熹：《朱子全书》第一册《周易本义》，上海古籍出版社、安徽教育出版社2002年版，第43页。

六十七岁以后。

第十则材料,见载于《朱子语类》卷七十六和《朱文公易说》卷十四,是林学蒙和沈僩记录的两条语录,它们表明朱熹六十九岁时曾修改《周易本义》底稿。《朱文公易说》卷十四沈僩记:"问:'巽称而隐',称,称扬也,'隐'字何训?曰:隐,不见也。如风之动物,无物不入,但见其动而不见其形。"① 沈僩所闻,在庆元四年(1198)以后。沈僩这条语录说明两件事:一,"称,称扬也",为《周易本义》原注;二,直到庆元四年,《周易本义》对"隐"字尚未作训解。《朱子语类》卷七十六,林学蒙记录朱熹六十五岁以后讲论《系辞传》"巽称而隐"曰:"问'巽称而隐'。曰:以'巽以行权'观之,则'称'字宜音去声,为称物之义。……某前时以'称扬'为说,错了。"② 林学蒙所闻的时间,是绍熙甲寅(1194)以后,此条语录说前时"称扬"之说错了,表明它不早于"沈僩所闻"的时间(庆元四年)。查今本《周易本义》,相应注文曰:"巽,称物之宜,而潜隐不露。"③ 其中一方面修改了"称"字的误训,另一方面增加了"隐"字的训解。这个修改当发生在"沈僩所闻"和"林学蒙所闻"以后,即庆元四年或者其后。鉴于另有证据表明朱熹庆元五年时的一些新观点没有改入《周易本义》,则"巽称而隐"注文的这次修改,应当发生在庆元四年这一年,朱熹时年六十九岁。

上述十则材料表明,朱熹在五十七岁到六十九岁的十余年间,曾持续修订《周易本义》底稿。

有两则材料表明,朱熹晚年确定了《周易本义》的最后稿,七十岁之后不再修改。第一则材料,是常被引用的《答孙敬甫》:"《易传》初以未成书,故不敢出。近觉衰耄,不能复有所进,颇欲传之于人,而私居无人写得。只有一本,不敢远寄。俟旦夕抄得却,附便奉寄。但近缘伪

---

① 朱鉴:《文公易说》卷十四,文渊阁《四库全书》本。
② 黎靖德编:《朱子语类》卷七十六,中华书局1994年版,第1954页。根据《朱子语类》之《语录姓氏》,林学蒙闻于绍熙甲寅(1194)以后,即朱熹六十五岁以后。
③ 朱熹:《朱子全书》第一册《周易本义》,上海古籍出版社、安徽教育出版社2002年版,第142页。

学禁严,不敢从人借书吏,故颇费力耳。"① 陈来《朱子书信编年考证》认为此书作于庆元二年(1196)或稍后。② 此时朱熹自觉无力进一步修订《周易本义》,遂有封笔传布之意。第二则材料,见载于《朱子语类》卷七十:"'开国承家,小人勿用',旧时说只作论功行赏之时,不可及小人,今思量看理去不得。他既一例有功,如何不及他得!看来'开国承家'一句,是公共得底,未分别君子小人在。'小人勿用',则是勿更用他与之谋议经画尔。"③ 这条讨论师卦上六爻的语录,林学履记于庆元五年(1199),朱熹时年七十岁。林学履附记曰:"先生云:'此义方思量得如此,未曾改入《本义》,且记取。'"查今本《周易本义》,注文为:"小人则虽有功,亦不可使之得有爵土,但优以金帛可也。"④ 正是所谓"旧时说""未曾改入《本义》"者。可知朱熹七十岁以后,虽间有新说,却不再改入《周易本义》。

朱熹生前确定了《周易本义》最后稿,但在其心目中,《周易本义》是一项未完的事业:"某作《本义》,欲将文王《卦辞》只大纲依文王本义略说,至其所以然之故,却于孔子《彖辞》中发之。且如大畜'利贞,不家食吉,利涉大川',只是占得大畜者为利正,不家食而吉,利于涉大川。至于'刚上尚贤'等处,乃孔子发明,各有所主,爻象亦然。如此,则不失文王本意,又可见孔子之意,但今未暇整顿耳。"⑤ 此条为董铢所记,是朱熹六十七岁以后的话。按照朱熹设想,《周易本义》理想的模样,是上下经注只限于直解文意,十篇传注展开对卦象义理的分析,将文王《易》归于文王,孔子《易》归于孔子。《朱子语类》卷六十七沈僩记曰:"先生于《诗传》,自以为无复遗恨,曰:'后世若有扬子云,必好之矣。'而意不甚满于《易本义》。盖先生之意,只欲作卜筮用,而为先

---

① 朱熹:《朱熹集》卷六十三《答孙敬甫》,四川教育出版社1996年版,第3308页。
② 陈来:《朱子书信编年考证》,上海人民出版社1989年版,第413页。
③ 黎靖德编:《朱子语类》卷七十,中华书局1994年版,第1753页。
④ 朱熹:《朱子全书》第一册《周易本义》,上海古籍出版社、安徽教育出版社2002年版,第38页。
⑤ 黎靖德编:《朱子语类》卷七十一,中华书局1994年版,第1802页。

儒说道理太多，终是翻这窠臼未尽，故不能不致遗恨云。"①

朱熹最终未能完成其理想，是学术史上的憾事。不过，朱熹于党禁艰难之中，仍考虑雇抄手抄写《周易本义》，"颇欲传之其人"，说明他对这个最后稿是基本满意的。庆元五年（1199），七十岁的朱熹说道："看《易》，先看某《本义》了，却看伊川解，以相参考。如未看他《易》，先看某说，却易看也，盖未为他说所汩故也。"②言语之间，对自己的《周易本义》颇为自信。

朱熹曾对《周易本义》底稿做长期修改，最后封笔于六十九岁，封笔后不再修改。在这个时间框架下，《朱子语类》与《周易本义》存在分歧的一些内容，可获得合乎逻辑的解释。

第一种情况，《朱子语类》所收，乃朱熹早期讲《易》观点，朱熹后来修正这些观点，然后写入《周易本义》，以致《朱子语类》与《周易本义》不合。以下列举七处：

《朱子语类》卷七十五，扬方录："'神明其德'，言卜筮。（原注：尊敬也，精明也。）"③此条讲论《系辞传》"圣人以此齐戒，以神明其德"的语录，为扬方庚寅年（1170）所闻，朱熹时年四十一岁。到六十四岁，朱熹修正其解释为："'是兴神物，以前民用'，此言有以开民，使民皆知。前时民皆昏塞，吉凶利害是非都不知。因这个开了，便能如神明然，此便是'神明其德'。"④《周易本义》取后一说，曰："（圣人）是以作为卜筮以教人，而于此焉齐戒以考其占，使其心神明不测，如鬼神之能知来也。"⑤

《朱子语类》卷七十四，金去伪录："'继之者善'，是二气五行事。'成之者性'，是气化已后事。"⑥此条讲论《系辞传》"继之者善也，成之

---

① 黎靖德编：《朱子语类》卷六十七，中华书局1994年版，第1655页。
② 同上注，第1654页。此条为吕焘所录，据《语录姓氏》，吕焘所闻时间，是庆元己未（1199）。
③ 同上注，第1928页。
④ 同上注，第1928页。此条语录，夏渊闻于绍熙癸丑（1193），当时朱熹六十四岁。
⑤ 朱熹：《朱子全书》第一册《周易本义》，上海古籍出版社、安徽教育出版社2002年版，第133页。
⑥ 黎靖德编：《朱子语类》卷七十四，中华书局1994年版，第1897页。

者性也"的语录，为金去伪乙未（1175）所闻，当时朱熹四十六岁。《周易本义》注曰："继言其发也，善谓化育之功，阳之事也。成言其具也，性谓物之所受，言物生则有性，而各具是道也，阴之事也。"①《周易本义》的观点当为后起。

《朱子语类》卷七十四，黄㽦录："问：'所居而安者，《易》之序也'。曰：'序'是次序，谓卦及爻之初终，如'潜、见、飞、跃'，循其序则安。"②此条讲论《系辞传》的语录，为黄㽦戊申（1188）所闻，当时朱熹五十九岁。《周易本义》注曰："'易之序'，谓卦爻所著事理当然之次第。"③《周易本义》的观点当为后起。

《朱子语类》卷七十七，晏渊录："'赞于神明'，犹言'治于人'相似，谓为人所治也。'赞于神明'，神明所赞也……是说见助于神明……这只就道他为神明所赞，所以生出这般物事来，与人做卦。"④此条讨论《说卦传》"幽赞于神明而生蓍"的语录，为晏渊癸丑（1193）所闻，当时朱熹六十四岁。《周易本义》注："幽赞神明，犹言赞化育。《龟策传》曰：'天下和平，王道得，而蓍茎长丈，其丛生满百茎。'"⑤《朱子语类》的观点是神明助人，《周易本义》的观点是人助化育，乃是方向相反的诠释。《周易本义》的观点当为后起。

《朱子语类》卷七十六，晏渊录："'乾坤，易之门'……似那两扇门相似，一扇开，便一扇闭。只是一个阴阳做底，如'阖户谓之坤，辟户谓之乾。'"⑥此条讨论《系辞传》"乾坤其易之门邪"的语录，为晏渊绍熙四年（1193）所闻，是用"坤阖乾辟"解释"乾坤其易之门"。《周易本义》注曰："诸卦刚柔之体，皆以乾坤合德而成，故曰'乾坤《易》之

---

① 朱熹：《朱子全书》第一册《周易本义》，上海古籍出版社、安徽教育出版社2002年版，第126页。
② 黎靖德编：《朱子语类》卷七十四，中华书局1994年版，第1888页。
③ 朱熹：《朱子全书》第一册《周易本义》，上海古籍出版社、安徽教育出版社2002年版，第125页。
④ 黎靖德编：《朱子语类》卷七十七，中华书局1994年版，第1965页。
⑤ 朱熹：《朱子全书》第一册《周易本义》，上海古籍出版社、安徽教育出版社2002年版，第153页。
⑥ 黎靖德编：《朱子语类》卷七十六，中华书局1994年版，第1950页。

门'。"① 用"乾刚坤柔"解释"乾坤为易之门"。《周易本义》的观点当为后起。

《朱子语类》卷七十，曼渊录："'鸣谦'在六二，又言'贞'者，言谦而有闻，须得其正则吉。盖六二以阴处阴，所以戒他要贞。谦而不贞，则近于邪佞。"② 此条讨论谦卦六二爻辞"鸣谦，贞吉"的语录，为曼渊绍熙四年（1193）所闻，朱熹此时的观点是"得其正则吉"。《周易本义》注："柔顺中正，以谦有闻，正而且吉者也。"③ 其观点是"正而且吉"。《周易本义》的观点当为后起。

《朱子语类》卷七十，曼渊录："'介于石'，言两石相摩击而出火之意。言介然之顷，不待终日，而便见得此道理。"④ 此条讨论豫卦六二爻辞"介于石，不终日，贞吉"的语录，为曼渊绍熙四年（1193）所闻。《周易本义》注："卦独此爻中而得正，是上下皆溺于豫，而独能以中正自守，其介如石也。其德安静而坚确，故其思虑明审，不俟终日而见凡事之几微也。"⑤《周易本义》的观点当为后起。

第二种情况，《朱子语类》所记为朱熹七十岁或七十一岁的新观点，此时《周易本义》已封笔，朱熹口述新观点于门人弟子，门人弟子笔记之，最后收载于《朱子语类》，故《朱子语类》与《周易本义》不合。以下列举六处：

《朱子语类》卷七十一，沈僩录："'噬肤灭鼻'。肤，腹腴拖泥处。灭，浸没也。谓因噬肤而没其鼻于器中也。"⑥ 此条讨论噬嗑卦六二爻"噬肤灭鼻"的语录，沈僩录于庆元戊午（1198）以后。《周易本义》注曰：

---

① 朱熹：《朱子全书》第一册《周易本义》，上海古籍出版社、安徽教育出版社2002年版，第141页。
② 黎靖德编：《朱子语类》卷七十，中华书局1994年版，第1769页。
③ 朱熹：《朱子全书》第一册《周易本义》，上海古籍出版社、安徽教育出版社2002年版，第45页。
④ 黎靖德编：《朱子语类》卷七十，中华书局1994年版，第1771页。
⑤ 朱熹：《朱子全书》第一册《周易本义》，上海古籍出版社、安徽教育出版社2002年版，第45页。
⑥ 黎靖德编：《朱子语类》卷七十一，中华书局1994年版，第1781页。

"以柔乘刚，故虽甚易，亦不免于伤灭其鼻。"①沈僩所录新观点未改入《周易本义》。

《朱子语类》卷七十，沈僩录："六三之'观我生进退'者，事君则观其言听计从，治民则观其政教可行、膏泽可下，可以见自家所施之当否而为进退。"②此条讨论观卦六三爻辞的语录，是沈僩记录的一大段语录中的一部分。这一大段语录中提到了刘砺（字用之），说明此次讨论发生于庆元五年（1199），朱熹时年七十岁。朱熹对"观我生进退"的新解释，还见于《朱子语类》同卷另一条语录，为董铢录："问：六三'观我生进退'，不观九五，而观己所行通塞以为进退否？曰：看来合是观九五。大率观卦二阳在上，四阴仰之。九五为主，六三'观我生进退'者，观九五如何而为进退也。初六、六二以去五之远，所观不明不大。六四却见得亲切，故有观光利用之象。六三处二、四之间，固当观九五以为进退也。"③查今本《周易本义》，观卦六三爻注："六三居下之上，可进可退，故不观九五，而独观己所行之通塞以为进退。"④则董铢笔记中"或问"所引"不观九五，而观己所行通塞以为进退"，正是《周易本义》之文。朱熹答曰"看来合是""固当"，表现出修正《周易本义》之意。沈僩和董铢所记两条语录表明，在庆元二年到庆元五年之间的某个时候（很可能在庆元五年），朱熹对"观我生进退"有了新解释，然终未改入《周易本义》。

《朱子语类》卷七十五，林学履录："'引而伸之，触类而长之'，是占得一卦，则就上面推看。如乾，则推其'为圜、为君、为父'之类是也。"⑤此条讨论《系辞传》的语录，林学履闻于庆元己未（1199），朱熹时年七十岁。《周易本义》注："谓已成六爻，而视其爻之变与不变以为动

---

① 朱熹：《朱子全书》第一册《周易本义》，上海古籍出版社、安徽教育出版社2002年版，第50页。
② 黎靖德编：《朱子语类》卷七十，中华书局1994年版，第1778页。
③ 同上。
④ 朱熹：《朱子全书》第一册《周易本义》，上海古籍出版社、安徽教育出版社2002年版，第49页。
⑤ 黎靖德编：《朱子语类》卷七十五，中华书局1994年版，第1918页。

静,则一卦可变而为六十四卦,以定吉凶。凡四千九十六卦也。"① 由此可知林学履所录新观点未改入《周易本义》。

《朱子语类》卷七十二,晏渊录曰:"'遯尾厉',到这时节去不迭了,所以危厉,不可有所往,只得看他如何。"② 这是讨论遯卦初六爻辞,其意同于今传《周易本义》注文:"遯而在后,尾之象,危之道也。占者不可以有所往,但晦处静俟,可免灾耳。"③ 这是沿用程颐《易传》说。同卷又有董铢录:"问:'遯尾厉,勿用有攸往'者,言'不可有所往,但当晦处静俟耳',此意如何? 曰:程《传》作'不可往',谓不可去也。言'遯已后矣,不可往,往则危。往既危,不若不往之为无灾'。某窃以为不然。遯而在后,既已危矣,岂可更不往乎! 若作占辞看,尤分明。"④ 问者引用《周易本义》发问,朱熹的回答与《周易本义》注文有较大差异。晏渊所记,为朱熹六十四岁时的观点。董铢所记,为朱熹六十七岁以后的观点。今传本《周易本义》沿用了晏渊所记的观点,未将董铢所记的观点改入。

《朱子语类》卷七十二,刘砺录:"升,'南征吉'。巽、坤二卦拱得个南,如看命人'虚拱'底说话。"⑤ 此条讲论升卦卦辞的语录,刘砺录于庆元己未(1199),朱熹时年七十岁。《周易本义》注文为:"升,进而上也。……南征,前进也。"⑥ 刘砺记录的观点未改入《周易本义》。

《朱子语类》卷七十三,沈僴录:"巽,风也。风之吹物,无处不入,无物不鼓动。诏令之入人,沦肌浃髓,亦如风之动物也。"⑦ 此条讲论《彖传》"重巽以申命"的语录,沈僴录于庆元戊午(1198)以后。此语录附

---

① 朱熹:《朱子全书》第一册《周易本义》,上海古籍出版社、安徽教育出版社2002年版,第131页。
② 黎靖德编:《朱子语类》卷七十二,中华书局1994年版,第1823页。
③ 朱熹:《朱子全书》第一册《周易本义》,上海古籍出版社、安徽教育出版社2002年版,第61页。
④ 黎靖德编:《朱子语类》卷七十二,中华书局1994年版,第1823页。
⑤ 同上注,第1840页。
⑥ 朱熹:《朱子全书》第一册《周易本义》,上海古籍出版社、安徽教育出版社2002年版,第72页。
⑦ 黎靖德编:《朱子语类》卷七十三,中华书局1994年版,第1861页。

有注文曰："学履录云：'如命令之丁宁告戒，无所不至也。'"估计沈僩与林学履同闻于庆元五年，朱熹时年七十岁。《周易本义》注曰："巽顺而入，必究乎下，命令之象。重巽，故为申命也。"① 沈僩记录的观点未改入《周易本义》。

《周易本义》对叟渊记录的观点多有修正，是因为叟渊所闻时间较早。《周易本义》未收入林学履、刘砺记录的观点，是因为此时《周易本义》已经封笔。董铢所闻的时间，纵跨《周易本义》封笔前后，故所记"大师克相遇"的内容改入了《周易本义》，而"观我生进退"的内容没有改入《周易本义》。沈僩所闻的情况与董铢相似。

还有两则材料，记载朱熹在不同时期对《周易》文句的不同解说，尤能反映其易学思想之变化，以及《周易本义》修改和定稿之时间。《系辞传》有"齐小大者存乎卦"一句，朱熹五十九岁、六十五岁前后及七十岁对其各有解说，《周易本义》写入的是六十五岁时的观点。朱熹对比卦九五爻辞"显比，王用三驱，失前禽，邑人不诫，吉"一句，先后也有三说，其中早期、晚期两种解释见载于《朱子语类》卷七十，中期解释见于《周易本义》。

首先来看"齐小大者存乎卦"一句。"齐"，王肃、韩康伯、孔颖达、胡瑗皆以"分辨"训之，意思为分辨大卦与小卦；张载、张浚皆以"均齐"训之，意思为各卦平等，无大小之别。其中王肃释曰："阳卦大，阴卦小。"② 孔颖达《周易正义》释曰："象有小大，故齐辨物之小大者存乎卦也，犹若泰则'小往大来，吉亨'，否则'大往小来'之类。"③ 胡瑗《周易口义》释曰："阳主刚明而有生成之德，故其德大。阴主柔顺而有消剥之行，故其德小。故六十四卦皆本阴阳刚柔之理以定其位也，故有大有小，君子必当明辨之。至如乾之与坤，泰之与否，损之与益，小过

---

① 朱熹：《朱子全书》第一册《周易本义》，上海古籍出版社、安徽教育出版社2002年版，第103页。
② 李鼎祚：《周易集解》卷十三，文渊阁《四库全书》本，第9页。
③ 王弼注，孔颖达疏：《周易正义》卷七，阮元校刻《十三经注疏》本，中华书局1996年版。

与大过，既济与未济，是皆所用不同，有小有大。"① 张载《横渠易说》释曰："卦有称名至小而与诸卦均齐者，各著其义也。盖称名小而取类大也。"② 张浚《紫岩易传》释曰："卦之所设，本乎阴阳。阴小阳大，体固不同。"③ 各家之说颇有不同。

朱熹长期摇摆于诸家之间，曾多次修改自己的观点。《朱子语类》卷七十四，万人杰录："'齐小大者存乎卦'。齐，犹分辨之意，一云，犹断也。小，谓否、睽之类。大，谓泰、谦之类。如泰、谦之辞便平易，睽、困之辞便艰险，故曰'卦有小大，辞有险易'。"④ 同样的观点，见于同卷黄㽦录："'齐小大者存乎卦'。曰：'齐'字又不是'整齐'，自有个如'准'、如'协'字，是分辨字。泰为大，否为小。'辞有险易'，直是吉卦易，凶卦险。泰、谦之类说得平易，睽、蹇之类说得艰险。"⑤ 朱鉴编《文公易说》载有吴必大所录："问：'齐小大者存乎卦'，龟山曰'阳大阴小'，如何？曰：'齐'，如'分辨'之义。泰卦为大，否卦为小。'卦有小大，辞有险易'，遇好卦便说得平易，如泰、谦之类是也。凶卦便说得艰难，如睽、困之类是也。"⑥ 三人所记内容基本一致，可能同闻于某次讲论。根据《语录姓氏》，万人杰闻于淳熙庚子（1180）以后，黄㽦闻于淳熙戊申（1188），吴必大闻于淳熙戊申（1188）、己酉（1189）两年。三人所闻时间交叠于淳熙戊申，则讲论当发生在此年，朱熹时年五十九岁。从这三条语录可知，五十九岁的朱熹以"分辨"训"齐"，以"卦义好坏"解释"小大"，不取龟山杨时"阳大阴小"之说。

这次讲论之后，朱熹接受杨时之说，修改了自己的观点，这可由《朱子语类》卷七十四林学蒙所记语录看出来。林学蒙录："问：'卦有小大，辞有险易'。阳卦为大，阴卦为小，观其爻之所向而为之辞。如'休

---

① 胡瑗：《周易口义》卷十一，文渊阁《四库全书》本，第24页。
② 张载：《横渠易说》卷三，文渊阁《四库全书》本，第5页。
③ 张浚：《紫岩易传》卷七，文渊阁《四库全书》本，第6页。
④ 黎靖德编：《朱子语类》卷七十四，中华书局1994年版，第1888页。
⑤ 同上注，第1889页。
⑥ 朱鉴：《文公易说》卷九，文渊阁《四库全书》本。

复吉'底辞,自是平易。如'困于葛藟'底辞,自是险。曰:这般处依约看,也是恁底,自是不曾见得他底透,只得随众说。"①"问"中"阳卦为大,阴卦为小",正是今本《周易本义》"齐小大者存乎卦"注文"小谓阴,大谓阳"②之文意。"问"中"观其爻之所向而为之辞",正是今本《周易本义》"卦有小大,辞有险易"注文"小险大易,各随所向"③之文意。林学蒙所闻,是绍熙甲寅(1194)以后。根据林学蒙记载的这一条语录,我们可以知道朱熹在绍熙甲寅即六十五岁前后,曾改变自己五十九岁时的观点,取"阳大阴小"说入《周易本义》。从"自是不曾见得他底透,只得随众说"一语来看,朱熹对这个选择不太满意。

七十岁时,朱熹修正了六十五岁前后的观点。《朱子语类》卷七十四有林学履记录于庆元己未(1199)的一条语录:"问:'卦有小大'……曰:看来只是好底卦便是大,不好底卦便是小。如复,如泰,如大有,如夬之类,是好底卦。如睽,如困,如小过底,尽不好底。譬如人,光明磊落底便是好人,昏昧迷暗底便是不好人。所以谓'卦有小大,辞有险易'。大卦辞易,小卦辞险。"④所谓"好底卦便是大,不好底卦便是小",是以"卦义好坏"解释"小大"。而视复、泰、夬等卦为"好底卦",又暗含着"阳大阴小"的观念。可见朱熹晚年的观点,是主取"卦义好坏"说,兼取"阳大阴小"说。

朱熹五十九岁时用"分辨"训"齐",用"卦义好坏"解释"小大",不肯采用"阳大阴小"说。六十五岁前后,用"定"训"齐",采用"阳大阴小"解释"小大"。七十岁时,则兼用"阳大阴小"与"卦义好坏"解释"小大"。五十九岁的观点,已被《周易本义》放弃,却通过《朱子语类》《文公易说》存留下来。七十岁时的观点比较成熟,却未改入

---

① 黎靖德编:《朱子语类》卷七十四,中华书局1994年版,第1889页。
② 朱熹:《朱子全书》第一册《周易本义》,上海古籍出版社、安徽教育出版社2002年版,第125页。
③ 同上。
④ 黎靖德编:《朱子语类》卷七十,中华书局1994年版,第1889页。

《周易本义》，也靠《朱子语类》得以流传。《周易本义》所存，是朱熹六十五岁前后的观点。由于这样的缘故，不但《朱子语类》不能与《周易本义》相合，而且《朱子语类》内部的记载也不能一致。

下面再看"显比，王用三驱，失前禽，邑人不诫，吉"这一句。对这一句，《程氏易传》有很长的注文，择其要者如下："天子之畋，围合其三面，前开一路，使之可去，不忍尽物，好生之仁也。只取其不用命者，不出而反入者也，禽兽前去者皆免矣，故曰'失前禽'也。王者显明其比道，天下自然来比。来者抚之，固不煦煦然求比于物。……此王道之大，所以其民皞皞而莫知为之者也。'邑人不诫，吉'，言其至公不私，无远迩亲疏之别也。……诫，期约也。待物之一，不期诫于居邑，如是则吉也。圣人以大公无私治天下，于'显比'见之矣。"① 在六十四岁或五十八岁时，朱熹曾怀疑程颐对"邑人不诫"的解释，说："恐《易》之文义不如此耳。"② 根据《朱子语类》卷七十的矍渊记录，我们知道当时他对"邑人不诫"的理解是："'邑人不诫'，如有闻无声，言其自不消相告戒，又如'归市者不止，耕者不变'相似。"③ 朱熹之意，盖言王者田猎，而近郊之处略不惊扰，即纯以畋猎之事解释"邑人不诫"。但这样解释也引发一个问题，即不能圆说"显比"之义，因此，在这以后朱熹又两次修改其观点。

为叙述方便，先来看朱熹七十岁时的观点。《朱子语类》卷七十，刘砺记录朱熹七十岁时讲论比卦说："比九五'邑人不戒'。盖上之人显明其比道，而不必人之从己，而其私属亦化之，不相戒约而自然从己也。"④ 程氏用"不煦煦然求比于物"解"王用三驱"，用"大公无私"解"邑人不诫"。朱熹晚年的做法，是取程氏"不煦煦然求比于物"的思想解"邑

---

① 程颢、程颐：《二程集》第三册《周易程氏传》卷一，中华书局1981年版，第742页。
② 黎靖德编：《朱子语类》卷七十，中华书局1994年版，第1754页。此条张洽所录，根据《语录姓氏》，张洽闻于淳熙丁未（1187）、绍兴癸丑（1193）。即朱熹五十八岁和六十四岁这两年。
③ 同上注，第1755页。
④ 同上注，第1754页。

人不诫",已经不再排斥程颐之说了。然而,查《周易本义》比卦九五爻注文,发现它既不同于朱熹六十四岁时的观点,也不同于朱熹七十岁时的观点。《周易本义》注文为:"盖虽私属,亦喻上意,不相警备以求必得也。"①《周易本义》中的观点,似是说王者之私属亦能明了王者用心,故不强行擒获禽兽(喻收取人心)。

比较朱熹对"邑人不诫"的三次解释,六十四岁纯以畋猎之事为说,《周易本义》兼取畋猎之事和显比之事为说,七十岁则纯取显比之事为说。其中,《周易本义》的观点是介于六十四岁和七十岁两个观点之间的一个中间观点。从时间上推测,朱熹六十四岁时的观点在《周易本义》中被修改,《周易本义》的观点又在其七十岁时被否定。然七十岁时的观点未再改入《周易本义》。

《朱子语类》为朱熹门人弟子笔录,间或不能完全反映朱熹本意。经多次整理翻刻,难免产生错讹。朱熹去世后,其门人可能对《周易本义》底稿略加整理。《周易本义》在流传中也可能产生一些变化。虽然有种种不确定因素之存在,但从上述汇集的二十几项材料,仍可窥见《周易本义》成稿过程的大致情况。

---

① 朱熹:《朱子全书》第一册《周易本义》,上海古籍出版社、安徽教育出版社2002年版,第39页。

《易学启蒙》的内容及朱、蔡二人各自的贡献

朱熹先写《易传》,后来修改《易传》成《周易本义》。在《易传》和《周易本义》之间,另有一部著作,即《易学启蒙》。这部著作专门讨论占筮,独立成书,其著作形式与传统的注《易》作品如王弼《周易注》、孔颖达《周易正义》、程颐《易传》等有较大差别,朱熹自称是"小卜筮书",因此很少有人把它视为注经之作。实际上,《易学启蒙》选出《周易》中与占筮相关的经传文字十四段,杂用集解、义疏、说等形式加以解释,仍然属于注经作品。《易学启蒙》就其内容而言是从《易传》延伸的专题,就其方法而言是开了《周易本义》置九图于卷首的先河,可看作是从《易传》走向《周易本义》的桥梁。朱熹晚年定稿《周易本义》,其经传注文大都来自《易传》,而卷首九图以及卷后《易五赞》《筮仪》则渊源于《易学启蒙》。《周易本义》可说是《易传》和《易学启蒙》两书的综合。

朱熹写作《易学启蒙》,起初计划写"论卦画""论揲蓍"两部分,随着内容增加,遂扩大为《本图书》《原卦画》《明蓍策》《考变占》四篇。该书成书不久即有刻本行世,当时的刻本,在四篇正文以外,另附《易学启蒙序》《筮仪》《周易五赞》。

《易学启蒙》四篇正文讲解《周易》经传之十四段文字,其中《本图书》讲解两段:

1.《系辞上传》:"河出图,洛出书,圣人则之。"
2.《系辞上传》:"天一,地二,天三,地四,天五,地六,天七,地八,天九,地十。天数五,地数五,五位相得而各有合。天数二十有五,地数三十,凡天地之数五十有五,此所以成变化而行鬼

神也。"

《原卦画》讲解九段：

  3.《系辞下传》："古者包羲氏之王天下也，仰则观象于天，俯则观法于地，观鸟兽之文，与地之宜，近取诸身，远取诸物，于是始作八卦，以通神明之德，以类万物之情。"

  4.《系辞上传》："易有太极，是生两仪，两仪生四象，四象生八卦。"

  5.《说卦传》："天地定位，山泽通气，雷风相薄，水火不相射。数往者顺，知来者逆。是《故》易逆数也。"

  6.《说卦传》："雷以动之，风以散之，雨以润之，日以烜之，艮以止之，兑以说之，乾以君之，坤以藏之。"

  7.《说卦传》："帝出乎震，齐乎巽，相见乎离，致役乎坤，说言乎兑，战乎乾，劳乎坎，成言乎艮。万物出乎震，震，东方也。齐乎巽，巽，东南也。齐也者，言万物之洁齐也。离也者，明也，万物皆相见，南方之卦也。圣人南面而听天下，向明而治，盖取诸此也。坤也者，地也，万物皆致养焉，故曰致役乎坤。兑，正秋也，万物之所说也，故曰说言乎兑。战乎乾，乾，西北之卦也，言阴阳相薄也。坎者，水也，正北方之卦也，劳卦也，万物之所归也，故曰劳乎坎。艮，东北之卦也，万物之所成终而所成始也，故曰成言乎艮。神也者，妙万物而为言者也。动万物者，莫疾乎雷。桡万物者，莫疾乎风。燥万物者，莫熯乎火。说万物者，莫说乎泽。润万物者，莫润乎水。终万物始万物者，莫盛乎艮。故水火相逮，雷风不相悖，山泽通气，然后能变化，既成万物也。"

  8.《说卦传》："乾，健也。坤，顺也。震，动也。巽，入也。坎，陷也。离，丽也。艮，止也。兑，说也。"

  9.《说卦传》："乾为马，坤为牛，震为龙，巽为鸡，坎为豕，离为雉，艮为狗，兑为羊。"

10.《说卦传》："乾为首，坤为腹，震为足，巽为股，坎为耳，离为目，艮为手，兑为口。"

11.《说卦传》："乾，天也，故称乎父。坤，地也，故称乎母。震一索而得男，故谓之长男。巽一索而得女，故谓之长女。坎再索而得男，故谓之中男。离再索而得女，故谓之中女。艮三索而得男，故谓之少男。兑三索而得女，故谓之少女。"

《明蓍策》讲解一段：

12.《系辞上传》："大衍之数五十，其用四十有九。分而为二以象两，挂一以象三，揲之以四以象四时，归奇于扐以象闰。五岁再闰，故再扐而后挂。乾之策二百一十有六，坤之策百四十有四，凡三百有六十，当期之日。是故四营而成易，十有八变而成卦。八卦而小成，引而伸之，触类而长之，天下之能事毕矣。显道神德行，是故可与酬酢，可与祐神矣。"

《考变占》讲解两段：

13.《乾卦》："用九，见群龙无首，吉。"《象上传》："用九，天德不可为首也。"

14.《坤卦》："用六，利永贞。"《象上传》："用六永贞，以大终也。"

四篇正文之后，附录《筮仪》《周易五赞》，相当于串讲或纲要。其中《筮仪》记录占筮仪式，它与《明蓍策》同为"大衍之数五十"一段内容的展开。稍微不同的是，《明蓍策》注重内在数理之阐发，《筮仪》注重外在仪规之考订。《周易五赞》包括《原象》《述旨》《明筮》《稽类》

《警学》五篇，为四言韵文。其中《原象》是《原卦画》一篇思想之总结，《明筮》是《明蓍策》和《筮仪》思想之总结，《述旨》《稽类》《警学》则主要阐明占学方法。两篇附录与四篇正文联合，采择北宋图书之学诸说，用以诠解《周易》十四段文字，从而讲明占筮之学，共同构成一个研究专题。朱熹曾总结该研究专题之目的说："盖缘近世说《易》者于象数全然阔略，其不然者又太拘滞支离，不可究诘，故推本圣人经传中说象数者，只此数条，以意推之，以为是足以上究圣人作《易》之本指，下济人生观变玩占之实用，学《易》者决不可以不知。而凡说象数之过乎此者，皆可以束之高阁而不必问矣。"①

《易学启蒙》继《易传》之后，重点研究和解注十四段经文，深入研究占学方法并精练概括之，著作方式采用了以图解《易》、立象尽意等方法，说它是《易传》的延伸，当可成立。这种延伸关系可以由《朱熹集》卷三十八《答赵提举》得到确证，书云："大抵《易》之书本为卜筮而作，故其词必根于象数，而非圣人己意之所为……旧亦草笔其说，今谩录二卦上呈。其他文义未莹者多，未能卒业，姑以俟后世之子云耳。近又尝编一小书，略论象数梗概，并以为献。"②"草笔其说""文义未莹者多""未能卒业"，指《易传》。"编一小书，略论象数梗概"，指《易学启蒙》。称《易学启蒙》为"小书"，当有两个含义，一是说它篇幅短小，一是说它所涉范围比《易传》小。这封信的意思可以理解为："我暂时放下《易传》之修订，转而作占筮的专题研究，写成一本小书，叫《易学启蒙》。"

《易学启蒙》这部书，乃朱熹和蔡元定二人合撰，已是学界共识。但是在谁为主，谁为辅，哪些思想属于朱熹，哪些思想属于蔡元定等问题上，仍存在争论。笔者管见，既然是合著，就不大好分得太清，如果非要刨根问底一下，最好采取个案处理办法，把全书分成若干部分，逐一调查取证，逐一做出结论，看它属于朱熹原创，还是蔡元定原创。依此

---

① 朱熹：《朱熹集》卷三十六《答陆子美》，四川教育出版社1996年版，第1569页。
② 同上书卷三十八《答赵提举》，四川教育出版社1996年版，第1706页。

做法，集腋成裘，或可得到二人合作的虽不中亦不远的大概情形。以下就按照这一思路，爬梳《易学启蒙》撰作过程，分辨二人各自的贡献。

《易学启蒙》的写作，经历两个阶段。第一阶段，从开笔到序定。第二阶段，序定后多次修改。从开笔到序定这一段，相关文献有零星记载，虽少亦弥足珍贵，借之可以梳理《易学启蒙》草成过程的情况，朱、蔡二人各自向书中注入了哪些原创思想，也可借之略加辨认。以下列举七条文献材料：

第一条，《朱子语类》卷六十七，叶贺孙录："《启蒙》，初间只因看《欧阳公集》内《或问》'《易》大衍'，遂将来考算得出。"①这条材料说明，撰写《易学启蒙》这件事是朱熹发动的。朱熹和蔡元定的交往始于乾道二年（1166），《易学启蒙》开笔比这个时间晚很多，因此蔡元定可能从一开笔就已参与其中。《宋史·蔡元定传》称："熹疏释四书及为《易》《诗传》《通鉴纲目》，皆与元定往复参订。《启蒙》一书，则属元定起稿。"②看来蔡元定参与了《易学启蒙》撰著之始终。

第二条，《朱熹集》卷四十四《答蔡季通》云："前日七八九六之说，于意云何？近细推之，乃自《河图》而来。（原注：即老兄所谓《洛书》者。）欲于《启蒙》之首增此一篇，并列《河图》《洛书》以发其端。而揲蓍法中，只自大衍以下，又分《变卦图》别为一篇，此卦以后虽不画卦，亦列卦名，庶几易检。幸为录示也。"③据此可知：一，确如《宋史》记载，《易学启蒙》是朱熹策划指导，蔡元定执笔修撰。二，《易学启蒙》初属稿时，只有《论卦画》《论揲蓍》两篇，后来从前者衍出《本图书》一篇，从后者衍出《考变占》一篇，始成为《本图书》《原卦画》《明蓍策》《考变占》四篇，这条资料的"欲于《启蒙》之首增此一篇"，即今本之《本图书》。三，在四篇格局尚未确定的草创阶段，朱、蔡二人已称该书为《启蒙》。四，朱熹最初以九数者为《河图》，十数者为《洛书》，

---

① 黎靖德编：《朱子语类》卷六十七，中华书局1994年版，第1655页。
② 脱脱等撰：《宋史》卷四百三十四，中华书局1995年版，第12876页。
③ 朱熹：《朱熹集》卷四十四《答蔡季通》，四川教育出版社1996年版，第2066页。

蔡元定最初以十数者为《河图》，九数者为《洛书》，意见有分歧。《易学启蒙·本图书》为了论证"《图》十《书》九"而引证孔安国、刘歆、关子明、邵雍各家学说。这部分文字，看来主要是蔡元定辑录，并经朱熹认可的，其中攻击刘牧的内容，直接标注"蔡元定曰"，无疑是蔡元定原创。

第三条，《朱熹集》卷四十四《答蔡季通》云："《河》《洛》辨说甚详，然皆在夫子作传之后，其间极有不足据以为说者。鄙意但觉九宫之图意义精约，故疑其先出。而八卦、十数、九畴、五行各出一图，自不相妨。故有'虚中为《易》，实中为《范》'之说，自谓颇得其旨。今详所论，亦是一说，更俟面论。然恐卒未有定论，不若两存以俟后人之为愈也。归奇多寡不同，向时尝辱见示，无可疑者，似合附入图中。今却附还，幸便写入四象之后也。"① 朱熹在信中说"其间极有不足据以为说者"，大约指关子明《易》，此书朱熹一向认定是伪书。例如，《朱子语类》卷六十七，邵浩录："浩问：'李寿翁最好《麻衣易》与关子明《易》，如何？'先生笑曰：'偶然两书皆是伪书。关子明《易》是阮逸作，陈无己集中说得分明。'"② 根据《语录姓氏》，邵浩闻于淳熙十三年，这一年朱熹序定《易学启蒙》。也就是说，在序定《易学启蒙》那一年，朱熹还在强调关子明《易》是伪书，不足为据。他明知关子明《易》为伪，却仍然允许它出现在《易学启蒙》中，只能有一种解释，即蔡元定坚持采用。③ 从《答蔡季通》可以看出，朱熹对蔡元定坚持的"《图》十《书》九"不甚同意，二人相持不下，于是朱熹提出折中方案，即"恐卒未有定论，不若两存以俟后人之为愈也"。《本图书》有一段注下之注，标"蔡元定曰"，当是"两存其说"的结果。信中"虚中为《易》，实中为《范》"，是说虚九宫图之中五，余八方，对应《周易》八卦；实九宫图之中五，

---

① 朱熹：《朱熹集》卷四十四《答蔡季通》，四川教育出版社 1996 年版，第 2067 页。
② 黎靖德编：《朱子语类》卷六十七，中华书局 1994 年版，第 1681 页。
③ 朱熹和吕祖谦合著《近思录》也发生过类似的情形，由此可见蔡元定之于《易学启蒙》，犹如吕祖谦之于《近思录》。

为九位,对应《尚书》洪范九畴。这一思想有会通《河图》《洛书》于九宫图的意思,与蔡元定力辩孰九孰十,旨趣悬殊。朱熹的这一思想,最终没有出现在《易学启蒙》中。①

第四条,《朱熹续集》卷二《答蔡季通》云:"《易》中七八九六之数,向来只从揲蓍处推起,虽亦吻合,然终觉曲折太多,不甚简易,疑非所以得数之原。近因看四象次第,偶得其说,极为径捷。不审亦尝如此推寻否?亦幸语及也。"②"看四象次第,偶得其说",这里指综合《河图》《洛书》《先天图》的数与位,以诠解"七八九六"四象数。该说见于《易学启蒙》者有三处:

> 《洛书》之纵横十五,而七、八、九、六迭为消长。虚五分十,而一含九,二含八,三含七,四含六,则参伍错综,无适而不遇其合焉。③

> 两仪之上,各生一奇一偶,而为二画者四,是谓四象。其位则太阳一,少阴二,少阳三,太阴四。其数则太阳九,少阴八,少阳七,太阴六。④

> 老阳居一而含九,故其挂扐十二为最少,而过揲三十六为最多。少阴居二而含八,故其挂扐十六为次少,而过揲三十二为次多。少阳居三而含七,故其挂扐二十为稍多,而过揲二十八为稍少。老阴居四而含六,故其挂扐二十四为极多,而

---

① 《朱熹集》卷八十四《书河图洛书后》云:"世传一至九数者为《河图》,一至十数者为《洛书》,考之于古,正是反而置之。予于《启蒙》辨之详矣。读《大戴礼》书,又得一证。其《明堂》篇有'二九四七五三六一八'之语,而郑氏注:'法龟文也。'然则汉人固以此九数者为《洛书》矣。阁皂甘君叔怀欲刻二图山中,览者未必深考,又当大启争端,聊书以谂之。庆元丁巳上元节日,遁翁书。"《大戴礼记》的证据,材料较古,比蔡元定提供的证据显得充分,所以朱熹最终是支持"《图》十《书》九说"的。
② 朱熹:《朱熹集》附《朱熹续集》卷二《答蔡季通》,四川教育出版社1996年版,第5164页。
③ 朱熹:《朱子全书》第一册《易学启蒙》卷一,上海古籍出版社、安徽教育出版社2002年版,第215页。
④ 同上书卷二,上海古籍出版社、安徽教育出版社2002年版,第219页。

过揲亦二十四为极少。……挂扐之数，乃七、八、九、六之原，而过揲之数，乃七、八、九、六之委。①

该说解释乾坤二卦之"用九""用六"，是由朱熹发明，嘱蔡元定写入书中的。

第五条，《朱熹续集》卷二《答蔡季通》云："所喻蓍数少参多两之说甚善，然所积之数，则少阴反多于少阳者八，不知此意又是如何。更须契勘，恐不堪驳杂也。此近得林潭州《易》说，甚可笑。书多重滞，不可寄去，无事可一来观之也。"② 据《南宋制抚年表》，林栗知潭州是淳熙十年（1183）至十三年（1186），信中称林栗为"林潭州"，说明此信写于淳熙十年后。从信中语气推测，当时《易学启蒙》尚未序定，则此信又当写于淳熙十三年三月前。信中质疑的"所积之数，则少阴反多于少阳者八"，是指《明蓍策》一篇用点子图统计老阴、老阳、少阴、少阳出现的频次。根据统计，依三变皆挂的揲蓍方法演蓍，三变挂扐之策的组合共有六十四种，其中老阳十二种，老阴四种，少阳二十种，少阴二十八种，少阴多于少阳八种，即"少阴反多于少阳者八"。朱熹觉得这个结果怪异，跟他一贯主张的"扶阳抑阴"不协，因此建议蔡元定"更须契勘，恐不堪驳杂"，希望他挖掘其中的道理。该信说明，《易学启蒙》的点子图是蔡元定发明的。如果没有蔡元定的点子图，朱熹或许永远不知道揲蓍法中竟暗藏着"少阴反多于少阳者八"的玄机。

蔡元定按照朱熹要求加入解释，其说见于《明蓍策》篇的注下之注。《明蓍策》文字有三重结构：首先，引《系辞传》关于筮法的传文，此为第一层。其次，用图式和注文作解说，此为第二层。复次，于注下加注，此为第三层。其中第二层的图式和注文，当是朱、蔡二人协商一致的观点，而第三层注下之注，有朱熹说（不标"朱熹曰"三字），有蔡元定说

---

① 朱熹：《朱子全书》第一册《易学启蒙》卷三，上海古籍出版社、安徽教育出版社2002年版，第253页。
② 朱熹：《朱熹集》附《朱熹续集》卷二《答蔡季通》，四川教育出版社1996年版，第5163页。

（标"蔡元定曰"四字），有欧阳修说（标"欧阳子曰"四字），有程迥说（标"沙随程氏曰"五字），众说并存，乃是杂取各家之说。①《明蓍策》第二层注文注释"少阴反多于少阳者八"说："三变之后，老者阳饶而阴乏，少者阳少而阴多，亦皆有自然法象焉。"②虽模棱为说，却是朱、蔡二人都同意的说法。紧接着第三层的注下之注"蔡元定曰"，用很长文字解释"少阴反多于少阳者八"，其说虽然详细，却只是蔡元定一家之说，朱熹未必同意。

第六条，《朱熹集》卷四十四《答蔡季通》云："《启蒙》近又推得初揲之余不五则九，其数皆奇，而其为数之实，五三而九一之，应围三径一之数。第二、三揲之余不四则八，其数皆偶，而其为数之实，四、八皆二，亦应围四用半之数。是三揲之次，亦已自有奇偶之分。若第二、三揲不挂，则不复有此差别矣。如何？"③根据"三变皆挂"揲蓍法，第一变得到的挂扐归奇之数为五或者九，其中得到五的概率为四分之三，得到九的概率为四分之一，此即所谓"五三而九一"；第二、三变得到的挂扐归奇之数为四或者八，其中得到四的概率为四分之二，得到八的概率也是四分之二，此即所谓"四八皆二"。朱熹认为，揲蓍法能够得到"五三而九一""四八皆二"的统计结果，与几何原理有关。在几何学中，圆形直径与周长之比约为一比三，正方形边长与周长之比为一比四，根据古代通行观念，圆形对应奇数，方形对应偶数，于是奇数当有一比三的关系，偶数当有一比四的关系。朱熹认为，圣人作《易》，扶阳抑阴，故奇数用其全（三），偶数用其半（二）。第一变挂扐归奇之数都是奇数，故它们出现的概率为"一比三"的关系，对应圆形"径一围三"之数。第二、三变挂扐归奇之数都是偶数，故它们出现的概率为"二比二"的关系，对应方形"围四用半"之数。该说进一步扩展，即可用来解释三

---

① 注中之注，朱熹之说不标"朱熹曰"，蔡元定、欧阳修、程迥之说标"某某曰"，也暗示《易学启蒙》的著作权主要归朱熹。
② 朱熹：《朱子全书》第一册《易学启蒙》卷三，上海古籍出版社、安徽教育出版社2002年版，第252页。
③ 朱熹：《朱熹集》卷四十四《答蔡季通》，四川教育出版社1996年版，第2064页。

变得一爻的概率统计结果,《易学启蒙》曰:"三变既毕,乃合三变,视其三奇挂扐之奇偶,以分所遇阴阳老少,是为一爻。……三奇为老阳者凡十有二。挂扐之数十有三,除初挂之一为十有二,以四约而三分之,为一者三。一奇象圆而围三,故三一之中各复有三,而积三三之数则为九。过揲之数三十有六,以四约之亦得九焉。即四象太阳居一含九之数也。"①三变挂扐归奇之策合计,会得到三奇(五四四)、三偶(九八八)、两奇一偶(五四八、五八四、九四四)、两偶一奇(九八四、九四八、五八八)四种结果之一。得到三奇的概率是六十四分之十二,此即"三奇为老阳者凡十有二"。挂扐归奇之策为三奇时,合计有十三策,除去初挂之一策,得十二策,此数除以四,得三,三中含有三个一,此即"为一者三"。奇数径一围三,每个一中都隐含着三,积之为九,故挂扐归奇之数中隐含着九这个数在内,此即"积三三之数则为九"。用于占筮的蓍草共有四十九策,若三变挂扐归奇之策数为十三,则剩下的策数即过揲之策相应地为三十六策,三十六除以四,也得到九,此即"过揲之数三十有六,以四约之亦得九焉"。所以,当三变皆奇时,其挂扐归奇之策隐含着九,同时过揲之策也含有九,故其数为九,为四象之太阳。考虑到先天学四象之位次是太阳居第一位,此即"太阳居一含九之数"。对于少阴、少阳、太阴三象,《明蓍策》篇也作了类似的讨论。以上情况表明,《易学启蒙》中十分关键的"围三径一""围四用半""居一含九"等说,是朱熹发明的。

第七条,《朱熹续集》卷二《答蔡季通》云:"细看《启蒙》,已不必改,只如前日所说改定一句足矣。……'以象再扐'欲添'五岁之象:挂一,一也;揲左,二也;扐左,三也;揲右,四也;扐右,五也'。只作注字亦得。"②今《明蓍策》一篇有:"五岁之象:挂一,一也;揲左,二

---

① 朱熹:《朱子全书》第一册《易学启蒙》卷三,上海古籍出版社、安徽教育出版社2002年版,第248页。
② 朱熹:《朱熹集》附《朱熹续集》卷二《答蔡季通》,四川教育出版社1996年版,第5180页。

也；扐左，三也；揲右，四也；扐右，五也。"① 此句当为这次讨论后添入，是朱熹原创。"细看《启蒙》，已不必改"，说明《启蒙》行将序定。

淳熙十三年三月，朱熹执笔序定《易学启蒙》，决定刊刻。蔡元定父子负责刻印发行，朱熹参与校对修订，因此留下若干封与刻印修订有关的往来书信。根据这些书信，我们知道《易学启蒙》序定后又反复修改数年之久。这数年间朱熹提出的修改建议多属精雕细琢、零零碎碎，蔡氏父子或采纳，或不采纳，说明《易学启蒙》的修改已是袅袅余音。以下列举八条材料：

第一条，《朱熹续集》卷二《答蔡季通》云："《启蒙》之名，本以为谦，而反近于不逊，不知别有何字可改？幸更为思。"② "反近于不逊"，当是由于《易学启蒙》刊布而引起的话题。"启蒙"二字之初义，是说该书所言都是《周易》中有关占筮的浅近内容，乃自谦之意。但是当时很多学者，如郭雍、程迥、程大昌、林栗等人都研究占筮，观点与《易学启蒙》不尽相同，曾经与朱熹往复辩论，在此情形下，朱熹把自己的著作取名"启蒙"，便似有"他人皆蒙昧，我独开启之"的嫌疑，因此朱熹和蔡元定商量改名。蔡元定没有采纳。

第二条，《朱熹集》卷四十四《答蔡季通》云："中间报去，欲改文王八卦邵子说'应天时、应地方'说下注脚，今覆检之，不得其说。恐前说有误，却错改却印本。烦令一哥检出录示，幸甚。"③ 据此知《易学启蒙》付印后仍改之又改。

第三条，《朱熹续集》卷二《答蔡季通》云："《启蒙》中欲改数处，今签出奉呈，幸更审之，可改即改为佳，免令旧本流布太广也。但恐不好看，亦无奈何耳。"④ 信中提到"旧本"，说明在《易学启蒙》刊布流行

---

① 朱熹：《朱子全书》第一册《易学启蒙》卷三，上海古籍出版社、安徽教育出版社2002年版，第247页。
② 朱熹：《朱熹集》附《朱熹续集》卷二《答蔡季通》，四川教育出版社1996年版，第5172页。
③ 朱熹：《朱熹集》卷四十四《答蔡季通》，四川教育出版社1996年版，第2071页。
④ 朱熹：《朱熹集》附《朱熹续集》卷二《答蔡季通》，四川教育出版社1996年版，第5178页。

后，朱熹仍考虑修改刻板。

第四条，《朱熹续集》卷二《答蔡季通》云："《启蒙》所改是否？又'天一地二'一节与'天数五地数五'相连，此是程子改定，当时不曾说破，今恐亦当添'程说'乃明也。林侍郎所论太极，不知是对何人言之？来喻似有阙文，读者皆莫晓也。"①据《南宋制抚年表》，林栗在淳熙十年（1183）至十三年（1186）知潭州，又据《宋史》本传，林栗知潭州后，"除秘阁修撰进集英殿修撰知隆兴府"，后"除兵部侍郎"。淳熙十五年（1188）朱熹入都时林栗为兵部侍郎，朱熹离都时林栗亦除郡，不得更称侍郎。信中言"林侍郎"，说明此信当写于淳熙十三年至十五年之间，即《易学启蒙》序定后两年内。书云"《启蒙》所改是否"，说明当时在修改《易学启蒙》。

宋代流传的王弼、韩康伯本《周易》，"天数五地数五"一段在"大衍之数五十"之后，"天一地二"一段又在"天数五地数五"一段之后，而且不相连属。程颐认为："自'天一'至'地十'，合在'天数五地数五'上，简编失其次也。"②朱熹推广程说，改订经书章次，使之成为："天一，地二，天三，地四，天五，地六，天七，地八，天九，地十。天数五，地数五，五位相得而各有合。天数二十有五，地数三十，凡天地之数五十有五，此所以成变化而行鬼神也。"《易学启蒙》也采用这个编次。《易学启蒙》行世后，可能这个编次受到多方指摘，故朱熹建议蔡元定注明此经文次序乃是程子改定，并非吾辈擅改。蔡元定没有采纳。

第五条，《朱熹别集》卷六《叶永卿吴唐卿周得之李深子》云："去岁灾蹇异常，病既日侵，秋间又哭一女，悲伤无聊，屡至危殆。忽蒙除用，恳祠未获，近乃见次，又已有奏事之命……《启蒙》近复修改一两处未毕，俟印得即奉寄。《易》之象数初甚简易，今人不得其说，遂至支

---

① 朱熹：《朱熹集》附《朱熹续集》卷二《答蔡季通》，四川教育出版社1996年版，第5163页。
② 程颢、程颐：《二程集》第四册《河南程氏经说》卷一，中华书局1981年版，第1030页。

离，使人不晓，反遂诋以为淫巫瞽史之学，其亦误矣。"① 陈来《朱子书信编年考证》考此书作于淳熙十五年（1188）二月。《易学启蒙》时已序定两年，仍"修改一两处""俟印得"。

第六条，《朱熹续集》卷五《答赵都运》云："向来所呈《启蒙》，不审已蒙过目否？近觉得有说未透处，颇加改定，旦夕修成，别寄上也。"② 都运，即转运判官。赵都运，指时任转运判官的赵善誉。据楼钥《攻媿集》卷一○二《朝奉郎主管云台观赵公墓志铭》，赵善誉于淳熙十三年（1186）除潼川府路提点刑狱，三年后除转运判官，淳熙十六年（1189）卒于任上。从淳熙十三年数起，三年后为淳熙十六年。朱熹此书称"赵都运"，说明该书作于淳熙十六年，《易学启蒙》时已序定三年，仍"颇加改定"。

第七条，《朱熹续集》卷三《答蔡伯静》云："《启蒙》已为看毕，错误数处已正之。又欲添两句，想亦不难。但注中尊丈两句不甚分明，不免且印出，俟其归却商量，今不能久俟也。《筮仪》内前日补去者更错两字，今亦并注，可正之。亟遣人还，草此。但看得不甚子细，可更自看一两过为佳也。……或于《启蒙》上卷之末添数句云：'卷内蔡氏说为奇者三，为偶者二，盖凡初揲，左手余一、余二、余三皆奇，余四为偶。至再揲、三揲，则余三者亦为偶，故曰奇三偶二也。'如何？"③ 此书时间不大可考，总之在《易学启蒙》序定后某次刻印时。朱熹建议"于《启蒙》上卷之末添数句"，今见于《明蓍策》篇尾："卷内蔡氏说'为奇者三，为偶者二'。盖凡初揲，左手余一、余二、余三皆为奇，余四为偶。至再揲、三揲，则余三者亦为偶。故曰'奇三而偶二'也。"④ 据信中"上卷之末"的说法可知，当时刻印《易学启蒙》，分为两卷，上卷为《本图

---

① 朱熹：《朱熹集》附《朱熹别集》卷六《叶永卿吴唐卿周得之李深子》，四川教育出版社1996年版，第5499页。
② 同上书卷五《答赵都运》，四川教育出版社1996年版，第5223页。
③ 同上书卷三《答蔡伯静》，四川教育出版社1996年版，第5200页。
④ 朱熹：《朱子全书》第一册《易学启蒙》卷三，上海古籍出版社、安徽教育出版社2002年版，第256页。

书》《原卦画》《明蓍策》，下卷为《考变占》和附录。信中提到的《筮仪》，当在下卷附录部分。

第八条，《朱熹续集》卷三《答蔡伯静》云："临川曾景宪书云，尊丈已过彼，有以驴为赠者，可免徒步之劳也。……尊丈得近书否？此久不闻信息，必是已过莆中矣。《启蒙》上册三十六版注中'围一'，'围'当作'径'；下册第二版'前十卦占贞，后十卦占悔'，两'占'字并当作'主'。可便改却此三字，更子细看过为佳。"①庆元三年丁巳（1197），遭庆元党禁，蔡元定编管道州。根据陈来《朱子书信编年考证》中提到蔡元定编管道州之事，考证"此书当作于丁巳春末"。由此说明，蔡家曾在庆元三年前后又一次重刻《易学启蒙》，朱熹亲为校对，大约可算是《易学启蒙》的最终定本了。

以上十五条资料表明，朱熹和蔡元定的合作关系，是朱熹策划、指导、总成，蔡元定执笔撰写，并负责刻印。《易学启蒙》的"《图》十《书》九"说、揲蓍统计点子图，以及两处"蔡元定曰"，是蔡元定原创，"围三径一""围四用半""太阳居一含九""虚中为《易》，实中为《范》""五岁再闰"等说，是朱熹原创。《易学启蒙》文字可分三层，凡属第二层的图式和注文，不论由谁原创，都是二人讨论一致的观点。第三层注下之注，未标"某某曰"者，是朱熹说，标"某某曰"者，是某某说。由于各家之说不一，朱熹、蔡元定意见亦有分歧，难以取舍，故标"某某曰"以两存或多存其说。朱熹在庆元年间校订《易学启蒙》印版，除纠正错字外，无其他修改建议，说明《易学启蒙》与其晚年易学思想没有大的冲突。

---

① 朱熹：《朱熹集》附《朱熹续集》卷三《答蔡伯静》，四川教育出版社1996年版，第5202页。

《答袁机仲》十一书的写作时间

——兼论朱熹晚年绘制伏羲次序图

《朱熹集》卷三十八有《答袁机仲》十一封。郑鹤声《宋袁机仲先生枢年谱》认为，十一封书信都是朱熹晚年所写。陈来《朱子书信编年考证》认为，第一、二、三书当写于淳熙十三年（1186）《易学启蒙》书成以后，第四书至第十一书都写于庆元四年（1198）。束景南《朱熹年谱长编》认为，袁枢与朱熹辩论，事发于淳熙十三年，第一、二、三书应写于淳熙十三年。笔者认为，《答袁机仲》第四、五、六书当写于绍熙五年（1194）或庆元元年（1195），以此为分水岭，第一、二、三书当写于淳熙十三年（1186）到淳熙十六年（1189）之间，第八、九、十、十一书当写于庆元四年（1198）以后。这些书信表明，朱熹六十岁以后亲手绘制了《周易本义》卷首的《伏羲八卦次序图》和《伏羲六十四卦次序图》。

先来看第四、五、六书，这三封书信的核心内容，是讨论"阴阳刚柔仁义"的问题。

传统的"阴阳刚柔仁义"理论，是春夏对应东南，秋冬对应西北；春夏主生养，秋冬主收藏；春夏属阳，秋冬属阴；阳为刚，阴为柔；仁主生发，义主收杀。如果综合诸说，将得到以下结果：仁主阳、刚、生，其位东、南；义主阴、柔、杀，其位西、北。这结果令人费解：东、南生养之地，其气柔和，怎么却是刚呢？西、北肃杀之地，其气刚烈，怎么却是柔呢？这就暴露了传统的"阴阳说"与"刚柔说"内在的矛盾。对这个矛盾，朱熹的态度是："《易》中卦位义理层数甚多，自有次第，逐层各是一个体面,不可牵强合为一说。学者须是旋次理会,理会上层时,未要搅动下层,直待理会得上层都透彻了,又却轻轻揭起下层,理会将去。当时虽似迟钝,不快人意,然积累之久,层层都了,却自见得许多条理,千差万别,各有归著,岂不快哉。若不问浅深,不分前后,辊成一块,合成一说,则彼此相妨,令人分疏不下,徒自纷纷,成卤莽矣。此是平生读书已试之效,不但读《易》为然也。"[1]他坦然接受"仁主阳刚生,其位东与南""义主阴柔杀,其位西与北"这样看上去矛盾的说法,不以为有违和之感。

朱熹的朋友袁枢字机仲,对"刚配仁生,柔配义杀"感到十分不安,认为这是一个非解决不可的问题。他发现,如果论证出冬春为阳,夏秋为阴,亦即南方属阴柔,北方属阳刚,则上述矛盾可以得到化解。他写信给朱熹,根据文王八卦东南巽卦一阴初生于下、十二辟卦坤之上六阳气已生,论证南方为阴柔、北方为阳刚。朱熹不允同其说,往复辩难,写作第四、五、六书。

第四书曰:"伏承别纸诲谕谆悉,及示新论,尤荷不鄙。但区区之说,前此已悉陈之。而前后累蒙排摈挥斥,亦已不遗余力矣。今复下喻,使罄其说……姑即来教一二浅者质之。"[2]"前此已悉陈之""前后累蒙排摈挥斥",说明在第四书以前,两人已经就阴阳刚柔问题发生若干争论。而详考第一、二、三书,其内容都是关于《河图》《洛书》和先天学的,并没有把阴阳刚柔作为主题,则"前此已数陈之"显然不是这三封书信,而应当另有所指。合理的推断是,从第三书到第四书,中间已经历一段时间,这段时间二人另有讨论阴阳刚柔的书信若干封,今已不存。

袁枢接阅第四书,又来信辩论,朱熹答语甚短:"垂谕《易》说,又见讲学不倦、下问不能之盛美,尤窃钦仰。已悉鄙意,别纸具呈矣。此但《易》中阴阳卦画、之分位耳,未是吾人切身之事。万一愚见未合盛

---

[1] 朱熹:《朱熹集》卷三十八《答袁机仲别幅》,四川教育出版社1996年版,第1692页。
[2] 同上注,第1687页。

意,可且置之而更别向里寻求,恐合自有紧切用功处也。"①此即第六书。其中提到的"别纸",应当是被《朱熹文集》编著者列为第五书的《答袁机仲别幅》,虽然它篇幅很长,但是却可以和第六书合成一封完整的书信。在这别幅(即第五书)中,朱熹写道:"乾于文王八卦之位在西北,于十二卦之位在东南。坤于文王八卦之位在西南,于十二卦之位在西北。故今图子列文王八卦于内,而布十二卦于外,以见彼此位置迥然不同。虽有善辩者,不能合而一之也。"②这里提到的"今图子",当是袁枢来信附寄的一个图式,它"列文王八卦于内""布十二卦于外"。朱熹就此图式指出袁枢阴阳刚柔说的缺陷,说:"来谕……必欲以仁为柔,以义为刚,此既失之,而又病夫柔之不可属乎阳,刚之不可属乎阴也,于是强以温厚为柔,严凝为刚,又移北之阴以就南,而使主乎仁之柔,移南之阳以就北,而使主乎义之刚。其于方位气候悉反易之,而其所以为说者,率皆参差乖迕而不可合。又使东北之为阳、西南之为阴,亦皆得其半而失其半,愚于图子已具见其失矣。"③然后他重申自己的阴阳刚柔之论,曰:"盖尝论之,阳主进而阴主退,阳主息而阴主消。进而息者其气强,退而消者其气弱,此阴阳之所以为柔刚也。阳刚温厚,居东南,主春夏,而以作长为事。阴柔严凝,居西北,主秋冬,而以敛藏为事。作长为生,敛藏为杀,此刚柔之所以为仁义也。以此观之,则阴阳、刚柔、仁义之位岂不晓然?而彼扬子云之所谓'于仁也柔,于义也刚'者,乃自其用处之末流言之,盖亦所谓阳中之阴,阴中之阳,固不妨自为一义,但不可以杂乎此而论之尔。"④

第五书提到的那张"图子",到底是什么样子呢?我们来看第七书。第七书篇尾附有一张颇为繁细的图式,见下图⑤:

图式中心为一圆圈,内列《说卦传》"帝出乎震"一节之八卦方位,

---

① 朱熹:《朱熹集》卷三十八《答袁机仲》,四川教育出版社1996年版,第1694页。
② 同上注,第1690页。
③ 同上注,第1692页。
④ 同上。
⑤ 图片取自《朱子全书》,上海古籍出版社、安徽教育出版社2002年出版,第1676页。

圆圈外为双层方框，框内列十二辟卦，框外列十二地支，框中夹层列乾坤十二爻。图中右侧边云："武陵旧图可疑处多，今不尽记，但此一义乃似只与此图相似。"① 则朱熹这张图，正是袁枢"图子"的复制品。需要注意的是，第五书朱熹称袁枢的图为"今图子"，而第七书称自己复制的图为"熹新图"，称袁枢的原图为"武陵旧图"，说明从第五书到第七书，隔着相当长的时间。根据郑鹤声《宋袁机仲先生枢年谱》，绍熙五年（1194），袁枢"起知常德府"，庆元元年（1195）"擢右文殿修撰"。据《宋史·地理志》，常德府本鼎州武陵郡常德军节度使，乾道元年以孝宗潜藩升府，辖桃源、龙阳、南浃三县，其地古称武陵，当时亦称武陵。朱熹在第七书中称袁枢当初寄给他的图为"武陵旧图"，说明那张图是袁枢任常德知府时寄给朱熹的。由此可以推断，第五、第六两书当写于袁枢任常德知府时，即绍熙五年（1194）或庆元元年（1195）。

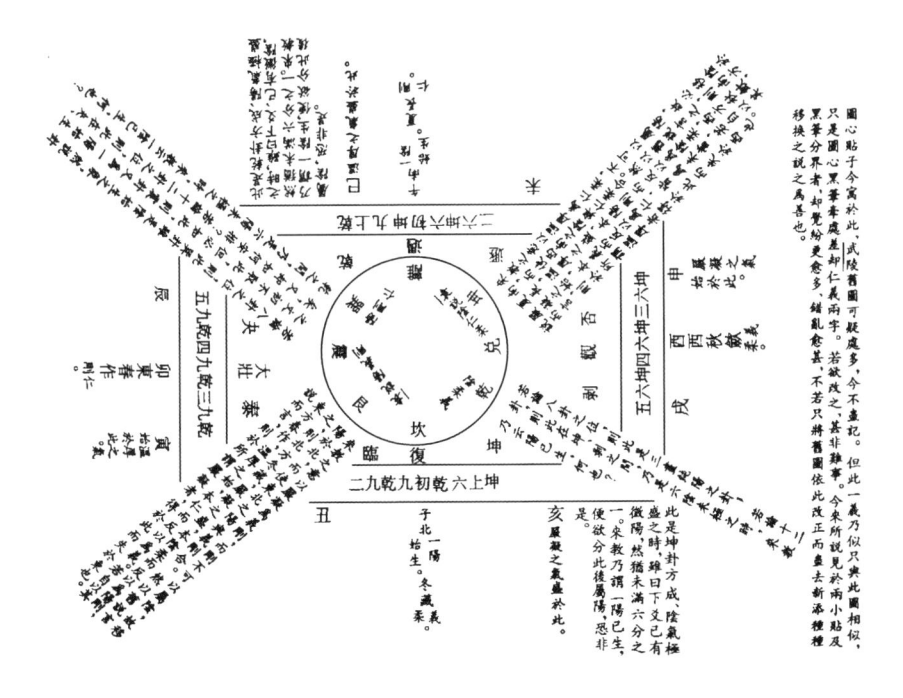

下面我们分析第八、九、十、十一书。

---

① 朱熹：《朱熹集》卷三十八《答袁机仲》，四川教育出版社1996年版，第1698页。

袁枢晚年罢官，提举太平兴国宫，闲居著述，著有《易》书五编。郑鹤声《宋袁机仲先生枢年谱》考定"《易》书五编"成书在袁枢晚年，即庆元五年（1199）前后。书成，袁枢寄给朱熹过目，因此朱熹《答袁机仲》第九、第十两书都提到袁氏这部《易》书。第九书云："《易》说已悉。……今既未蒙省察，执之愈坚，则区区之愚尚复何说？窃意两家之论，各自为家，公之不能使我为公，犹我之不能使公为我也。不若自此闭口不谈，各守其说，以俟羲、文之出而质正焉。然以高明之见，自信之笃，窃恐羲、文复出，亦未肯信其说也。……世间事吾人身在闲处，言之无益，此正好从容讲论，以慰穷愁，而枘凿之不合又如此，是亦深可叹者，而信乎其道之穷矣。"① 第十书云："《易》说垂示。……其所以为说，则又必以为圣人恐乾止有阳刚而无仁，坤止有阴柔而无义，故必兼三才以为六画，然后能使乾居东北而为冬春之阳，坤居西南而为夏秋之阴。又必横截阴阳各为两段，以分仁义之界，然后能使春居东而为乾之仁，夏居南而为坤之仁，秋居西而为坤之义，冬居北而为乾之义，则其割裂补缀，破碎参差，未知于经何所据依，而何以异于诸儒臆说之凿也。"② 袁枢晚年坚持其阴阳刚柔之论，笔之于书，不可改变，朱熹深感无奈，认为再无讨论的必要，至有"信乎其道之穷矣"之叹。这说明第九、十、十一书写于袁枢著作定稿后，即庆元五年前后。自绍熙五年（1194）前后始，至庆元四年（1198）以后止，二人关于阴阳刚柔仁义的讨论，纵跨数年。

最后回过头来，分析第一、二、三书。

陈来《朱子书信编年考证》说："一至三书论《启蒙》者终与四至十一书似非一时作。"③ 这是因为第一、二、三书讨论的《河图》《洛书》、先天学等内容出自《易学启蒙》，而第四书至第十一书讨论的内容却都是《易学启蒙》所没有的。其中第三书云"今新书《原卦画》一篇"，可

---

① 朱熹：《朱熹集》卷三十八《答袁机仲》，四川教育出版社1996年版，第1701页。
② 同上注，第1702页。
③ 陈来：《朱子书信编年考证》（增订本），生活·读书·新知三联书店2007年版，第467页。

知其写作时间是在淳熙十三年（1186）《易学启蒙》成书后不久。第三书书尾赋诗一首："忽然半夜一声雷，万户千门次第开。若识无心涵有象，许君亲见伏羲来。"①陈来考证说："《文集》卷九亦有《答袁机仲论启蒙》诗，其序似在淳熙末年。"②即第三书不晚于淳熙十六年（1189）。综合这两个方面，可知第三书写作时间的上限是淳熙十三年，下限是淳熙十六年。第一书和第二书当在第三书以前。

以上辨明第四、五、六三书作于绍熙五年（1194）前后。以此为基础，就可以讨论《周易本义》卷首《伏羲八卦次序图》和《伏羲六十四卦次序图》的制作时间了。第四书写道："来教又论黑白之位尤不可晓。然其图亦非古法，但今欲易晓，且为此以寓之耳。乾则取三位皆白，三阳之象也。兑则下二白而上一黑，下二阳而上一阴也。离则上下二白而中一黑，上下二阳而中一阴也。震则下一白而上二黑，下一阳而上二阴也。巽之下一黑而上二白，坎之上下二黑而中一白，艮之下二黑而上一白，坤之三黑，皆其三爻阴阳之象也。盖乾、兑、离、震之初爻皆白，巽、坎、艮、坤之初爻皆黑，四卦相间，两仪之象也。乾、兑、巽、坎之中爻皆白，离、震、艮、坤之中爻皆黑，两卦相间，四象之象也。乾、离、巽、艮之上爻皆白，兑、震、坎、坤之上爻皆黑，一卦相间，八卦之象也。岂有震、坎皆黑而如坤，巽、离皆白而如乾之理乎？此恐画图之误，不然则明者察之有未审也。"③信中描述的"黑白之图"与今传《周易本义》卷首《伏羲八卦次序图》和《伏羲六十四卦次序图》当属同一图式。朱熹在信中承认，"其图亦非古法"，是自己绘制的。绘制时间，当在第四书写作以前。

白寿彝《〈周易本义〉考》一文，曾质疑《周易本义》卷首伏羲两横图，说："横图，系由太极直至六十四卦；《伏羲八卦次序》与《六十四卦次序》则截为两图，而内容又互相重复，意至无谓；此其一。横图中以

---

① 朱熹：《朱熹集》卷三十八《答袁机仲》，四川教育出版社1996年版，第1686页。
② 陈来：《朱子书信编年考证》（增订本），生活・读书・新知三联书店2007年版，第467页。
③ 朱熹：《朱熹集》卷三十八《答袁机仲》，四川教育出版社1996年版，第1688页。

奇偶表示，和《启蒙》别图相符；两次序图以黑白表示，和《易图》别图不协；此其二。两图如系朱熹自作，决不至自相刺谬到这步田地。"①《答袁机仲》第四书证明，两横图确为朱熹手制，白寿彝的怀疑不能成立。

郭彧《〈周易本义〉卷首九图考辨》一文，说《周易本义》卷首九图乃《易学启蒙》初版旧图，其发论依据正是朱熹《答袁机仲》。其实，郭文讨论《答袁机仲》有三误，一是把"武陵旧图"误认作"黑白之图"，二是把第二书"不如且看卷首横图"之"横"误读为"旧"，三是把第二书"不如且看卷首横图"一节之讲论《易学启蒙》先天生卦次序的内容误认作第四书之讲论"黑白之图"的内容。郭彧认为："从《答袁枢》提及'卷首旧图'之语，可知其图正是指'黑白之位'二次序图而言。由此可以断定，此九图原为初版《易学启蒙》之图。正是朱熹征求了各方面意见之后，于再版《易学启蒙》中去掉了'黑白之位'大小二横图，改作六画横图。"②这建立在多处误读基础上的论证，恐难成立。根据《答袁机仲》诸书可以知道，今传《周易本义》卷首的《伏羲八卦次序图》和《伏羲六十四卦次序图》，应当是朱熹晚年手制。

---

① 白寿彝：《〈周易本义〉考》，原载《史学集刊》第一期（1936年），收于《周易研究论文集》第三辑，北京师范大学出版社1990年版。
② 郭彧之文见"孔子2000"网站1999年9月贴文。

"无形而有理"

——朱熹的太极之学

朱熹二十多岁读周敦颐《太极图说》，始重视太极。三十八岁访张栻于湖南，纵论太极，有诗云："昔我抱冰炭，从君识乾坤。始知太极蕴，要眇难名论。问有宁有迹，问无复何存。惟应酬酢处，特达见本根。万化自此流，千圣同兹源。"① 意思为自己过去局限于形下世界，体验到事物相互对立，就像冰与炭不能相容。此番与张栻切磋太极思想，终于体会到对立中的统一性，即太极本体。太极本体不可直接把捉，只能借由具体事物呈现。太极本体是万物根源，并且往圣先贤之思想，亦无不源于对太极的体悟。自己一旦体验到太极之形上统一性，则过去所有的疑惑，都像浑水遇到明胶一样澄清了。这首诗说明，朱熹入湘之后，已基本建立起太极本体论思想。到四十三岁，朱熹诠释周敦颐《太极图》《太极图说》，成《太极图说解》，完整地将"无形而有理"的太极本体论笔之于书。

周敦颐字茂叔，世称濂溪先生，道州营道县人，生于宋真宗天禧元年（1017），卒于宋神宗熙宁六年（1073）。年二十，任洪州分宁主簿，历任桂阳令、南昌令、虔州通判、永州通判等职。后卜居庐山莲花峰下，峰前有溪，乃以营道旧居濂溪名之，因此学者称他为濂溪先生。周敦颐为政务求公正，生活自奉俭约，所得俸禄多周济贫困，人品高洁，黄庭坚称他胸怀洒落，有如光风霁月。当时政治家王安石、吕公著等人都钦佩他，大理寺丞程珦命二子程颢、程颐跟从他学习。周敦颐著作不多，流传至今有

---

① 朱熹：《朱熹集》卷五《二诗奉酬敬夫赠言并以为别》，四川教育出版社1996年版，第211页。

《太极图》一幅，《太极图说》一篇，《通书》一部，诗文若干。

周敦颐殁后四十年，朱震访其遗书。又过十数年，朱震著成《周易集传》《周易图》《周易丛说》。《周易图》记载周敦颐《太极图》如下，并载《太极图说》：

右太极图，周敦实茂叔传二程先生。茂叔曰：无极而太极。太极动而生阳，动极而静，静极而生阴，静极复动，一动一静，互为其根。分阴分阳，两仪立焉。阳变阴合，而生水、火、木、金、土，五气顺布，四时行焉。五行一阴阳也，阴阳一太极也，太极本无极也。五行之生也，各一其性。无极之真，二五之精，妙合而凝。乾道成男，坤道成女，二气交感，化生万物，万物生生，而变化无穷焉。惟人也，得其秀而最灵，形既生矣，神发知矣，五性感动，而善恶分、万事出矣。圣人定之以中正仁义（自注：圣人之道，仁义中正而已矣）而主静（自注：无欲则静），立人极焉。故圣人与天地合其德，日月合其明，四时合其序，鬼神合其吉凶。君子修之吉，小人悖之凶。故曰："立天之道，曰阴与阳。立地之道，曰柔与刚。立人之道，曰仁与义。"又曰："原始反终，故知死生之说。"大哉《易》也，斯其至矣。①

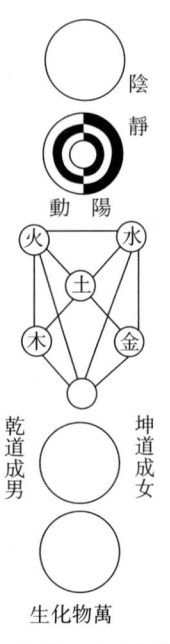

朱震《汉上易传卦图·太极图》（文渊阁《四库全书》本）

与朱震同时，建阳施孙硕序定并刻板于麻沙镇的《伊川至论》一书也收有《太极图》，其事见载于《黄氏日抄》："《伊川至论》者，绍兴六年四月建阳施孙硕所序，而麻沙镇刻本也。……《太极图》初圈象'无极而太极'者，其下注'阴静'字，第二圈象阴阳交互者，其下注'阳动'

---

① 朱震：《汉上易传卦图》，文渊阁《四库全书》本，第11页。

字。"①

十年后，即绍兴十四年（1144），又有祁宽印刻《通书》于舂陵，序称："《通书》……始出于程门侯师圣，传之荆门高元举、朱子发。宽初得于高，后得于朱，又后得和靖尹先生所藏，亦云得之程氏。今之传者是也。逮卜居九江，得旧本于其家，比前所见，无《太极图》。或云，图乃手授二程，故程本附之卷末也。"②据此序知，周敦颐当初曾手授《太极图》和《太极图说》给二程，因此程氏门人侯师圣、尹和靖传授的《通书》都附有《太极图》和《太极图说》，朱震所述《太极图》《太极图说》即程门侯师圣所传。

湖湘学派的学者胡宏也曾序《通书》而传之，序称："《通书》四十章，周子所述也。……推其道学所自，或曰传《太极图》于穆修也，传《先天图》于种放，种放传于陈抟。此殆其学之一师欤？非其至者也。"③序文涉及《太极图》，说明胡氏所传周敦颐之学，也有《太极图》和《太极图说》。

除上述诸家传本外，紫芝也曾注《太极图》，其事见载于《朱子语类》卷九十四："时紫芝亦曾见尹和靖来，尝注《太极图》。不知何故，渠当时所传图本，第一个圈子内误有一点。紫芝于是从此起意，谓太极之妙皆在此一点。"④

朱熹之前传授周敦颐《太极图》和《太极图说》的情况，可考者大致如此。

绍兴二十年（1150）前后，朱熹始接触周敦颐之学。⑤绍兴三十年（1160），曾搜集周敦颐遗文。⑥乾道二年（1166），九江太守林栗印刻《通

---

① 黄震：《黄氏日抄》卷三十三，文渊阁《四库全书》本，第36页。
② 张伯行辑：《周濂溪集》卷七，正谊堂本，第3页。
③ 同上注，第1页。
④ 黎靖德编：《朱子语类》，中华书局1994年版，第2389页。
⑤ 朱熹《朱熹集》卷八十一《周子通书后记》："《通书》者，濂溪夫子之所作也。……熹自蚤岁即幸得其遗编而伏读之……顾自始读以至于今，岁月几何？倏忽三纪。"古以十二年为一纪，三纪为三十六年。淳熙十四年朱熹五十八岁，前推三十六年，是二十二岁。
⑥《延平答问》五月八日书："承惠示濂溪遗文……《通书》向亦曾见一二，但不曾得全本，今乃得一观，殊慰卑抱也。"

书》，对周敦颐有讥议，朱熹遂起意针对九江本编订《通书》一通，印刻于长沙。乾道五年（1169），再订《通书》，印刻于建安，序称："先生之学，其妙具于《太极》一图，《通书》之言，皆发此图之蕴，而程先生兄弟语及性命之际，亦未尝不因其说。……故潘清逸志先生之墓，叙所著书，特以作《太极图》为称首。然则此图当为书首不疑也。然先生既手以授二程，本因附书后（祁宽居之云），传者见其如此，遂误以图为书之卒章，不复厘正，使先生立象尽意之微旨暗而不明，而骤读《通书》者，亦复不知有所总摄。此则诸本皆失之。……今特据潘志置图篇端，以为先生精意，则可以通乎书之说矣。……熹又尝读朱内翰震《进易说表》，谓此图之传，自陈抟、种放、穆修而来。而五峰胡公仁仲作《通书序》，又谓先生非止为种、穆之学者，此特其学之一师耳，非其至者也。夫以先生之学之妙不出此图，以为得之于人，则决非种、穆所及，以为非其至者，则先生之学又何以加于此图哉？是以尝窃疑之。及得志文考之，然后知其果先生之所自作，而非有所受于人者。公盖皆未见此志而云云耳。然胡公所论《通书》之指曰：'人见其书之约而不知其道之大也，见其文之质而不知其义之精也，见其言之淡而不知其味之长也。人有真能立伊尹之志，修颜子之学，则知此书之言包括至大，而圣门之事业无穷矣。'此则不可易之至论，读是书者所宜知也。"[①] 这篇长序，总结潘兴嗣、朱震、祁宽、胡宏各家对周敦颐太极学的述评，认为：一，周敦颐虽然曾经问学于陈抟一脉，但是《太极图说》和《通书》的思想不可能来自陈抟，断言《太极图说》是周子自作；二，肯定周敦颐曾经传授《太极图》给二程；三，认为《太极图》与《通书》合在一起，方成一部完整著作，其中《太极图》为精，《通书》为蕴，《太极图说》应置《通书》之首。

朱熹校订的建安本《通书》，订正后的《太极图》如下：

其中"阳动""阴静"四字的位置，以及"五气"之连线，与朱震所述已有较大差异。有学者认为，朱熹这一改动，完全改变了周敦颐《太

[①] 朱熹：《朱熹集》卷七十五《周子太极通书后序》，四川教育出版社1996年版，第3942～3943页。

极图》的原意。① 订正后的《太极图说》与朱震所传也有差别，一是删掉了朱震传本"静极而生阴"之"极"字，② 二是改朱震传本原文自注"无欲则静"一句为"无欲故静"。

从朱震到朱熹，《太极图》和《太极图说》的流传情况，可考者大致如上。

关于周敦颐《太极图说》之宗旨，宋儒黄震论述曰："《太极图说》'无极而太极'以下，详太极之理，此图之训释也。'惟人也得其秀'以下，言人极之所以立，此所以书图之本意也。盖周子之图太极，本以推人极之原。而周子之言无极，又以指太极之理。辨析其精微，正将以归宿于其人，而岂谈空之谓哉！"③ 此论认为《太极图说》前半篇讲人极之本原，后半篇讲人极之内容，通篇目的在于"推人极之原"。

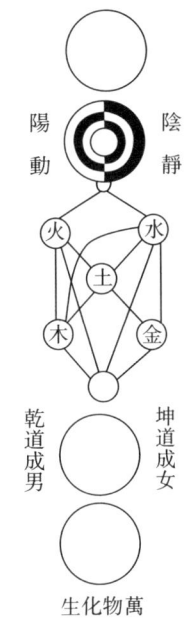

朱熹订正的《太极图》
（见张伯行辑《周濂溪集》，正谊堂本）

朱熹也认为周敦颐学说中太极是人极之原。《太极图说解》沿着这个思路，重点阐论作为人极之原的太极。朱熹建基于"理气""体用""形上形下"等观念，构建出自己的太极本体论。《太极图说解》写道：

> ○，此所谓无极而太极也，所以动而阳、静而阴之本体也。然非有以离乎阴阳也，即阴阳而指其本体，不杂乎阴阳而为言尔。◉，此

---

① 马振铎《试论周敦颐〈太极图说〉的哲学思想》说："'旧图'中名曰'阴静'的一圈被朱熹改作'太极'……因此，所谓'太极'是'世界的本体'，绝不是周敦颐《太极图》的原意。"（《中国哲学史研究》1981 年第 4 期）
② 朱熹：《朱熹集》卷四十二《答胡广仲》，四川教育出版社 1996 年版，第 1952 页。文中云："旧本图子既差，而说中'静而生阴'，'静'下多一'极'字，亦以图及上下文意考正而削之矣。"
③ 黄震：《黄氏日抄》卷三十三《读周子太极通书》，文渊阁《四库全书》本。

○之动而阳、静而阴也，中◉者，其本体也。☽者，阳之动也，○之用所以行也。☾者，阴之静也，○之体所以立也。①

上天之载，无声无臭，而实造化之枢纽，品汇之根柢也。②

太极，形而上之道也。阴阳，形而下之器也。是以自其著者而观之，则动静不同时，阴阳不同位，而太极无不在焉。自其微者而观之，则冲漠无朕，而动静阴阳之理已悉具于其中矣。③

五行异质，四时异气，而皆不能外乎阴阳。阴阳异位，动静异时，而皆不能离乎太极。至于所以为太极者，又初无声臭之可言，是性之本体然也。天下岂有性外之物哉？④

合而言之，万物统体一太极也。分而言之，一物各具一太极也。⑤

注文称○为◉之本体，称太极为性之本体，称太极为形上之道，阴阳为形下之器，又提出"一物各具一太极"命题，这都是本体论。

朱熹借由《太极图说解》建构本体论，引发一系列辩论，包括与吕祖谦、张栻等人的方法之辩，与胡实、洪迈的版本之辩，与陆九韶、陆九渊兄弟的概念之辩。

先看方法之辩。《太极图说解》草成，先后寄给张栻、吕祖谦、蔡元定、汪应辰、胡实、林用中、陈明仲等人讨论，不料诸人"病其分裂已甚""辩诘纷然"。朱熹参考诸人意见对《太极图说解》略加修改，⑥然后把不予采纳的意见归纳为七大宗，作《太极图说辩》。

《太极图说辩》开列的七宗意见是"或谓不当以继善成性分阴阳""或谓不当以太极阴阳分道器""或谓不当以仁义中正分体用""或

---

① 朱熹：《朱子全书》第十三册《太极图说解》，上海古籍出版社、安徽教育出版社2002年版，第70页。
② 同上注，第72页。
③ 同上注，第72页。
④ 同上注，第73页。
⑤ 同上注，第74页。
⑥ 例如，草稿云："太极无声无臭，而造化之枢纽，品汇之根柢系焉。"吕祖谦《太极图义质疑》云："太极即造化之枢纽，品汇之根柢也，恐多'系焉'两字。"《太极图说解》定稿删掉"系焉"两字，采纳了吕祖谦的意见。

谓不当言一物各具一太极""谓体用一源,不可言体立而后用行""谓仁为体统,不可偏指为阳动""谓仁义中正之分不当反其类",综言之,都属于"应当用何种方法阐述本体"这个公案。朱熹逐条驳复,略举数端如下:

其一,《太极图说解》草稿云:"所谓一阴一阳之谓道,诚者,圣人之本,物之终始,而命之道也。动而生阳,诚之通也,继之者善,万物之所资始也。静而生阴,诚之复也,成之者性,万物各正其性命也。"① 吕祖谦《太极图义质疑》云:"以动而生阳为继之者善,静而生阴为成之者性,恐有分截之病。《通书》只云'一阴一阳之谓道,继之者善也,成之者性也。元亨,诚之通。利贞,诚之复'。却自浑全。"② 该文认为"继善""成性"只是一事,当浑全为说,不需分截辨别,一旦分截辨别,就支离道体,所言不再是道。吕祖谦的意见,即七宗意见之第一宗"谓不当以继善成性分阴阳"。朱熹《太极图说辩》称:"夫善之与性,不可谓有二物明矣。然继之者善,自其阴阳变化而言也;成之者性,自夫人物禀受而言也。阴阳变化,流行而未始有穷,阳之动也。人物禀受,一定而不可复易,阴之静也。以此辨之,则亦安得无二者之分哉!然性善,形而上者也;阴阳,形而下者也。周子之意,亦岂直指善为阳而性为阴哉?但语其分,则以为当属之此耳。"③ 他认为道是形而上者,难以言说分辨,而善与性皆为道之吉光片羽,是道的表现,则可以言说和分辨。道在万物,呈现出千姿百态、无穷无尽的变化,《系辞传》言"继之者善也""成之者性也",表述道的两种表现,即"继之者善,自其阴阳变化而言也""成之者性,自夫人物禀受而言也",譬如行人观山,移步换形,横看成岭侧成峰,不可谓没有分别。只有清晰地体察道的诸般表现及其分别,积累日久,才能上达一路,体认道之全体,此即理一分殊方法论。

吕祖谦主张不加分别,试图直指道体本身,其方法是直觉的,朱熹

---

① 束景南:《朱熹佚文辑考》,江苏古籍出版社1991年版,第87页。
② 同上。
③ 朱熹:《朱子全书》第十三册《太极图说解》,上海古籍出版社、安徽教育出版社2002年版,第77页。

则主张细加剖判，由分殊以见理一，其方法是由分析达于综合的。两人在方法论方面存在分歧，而在道体方面则没有大分歧。今所传定本《太极图说解》注文为："所谓一阴一阳之谓道，诚者，圣人之本，物之终始，而命之道也。其动也，诚之通也，继之者善，万物之所资以始也。其静也，诚之复也，成之者性，万物各正其性命也。"① 避去"阴""阳"二字，当是听从吕氏意见，仍保留"动""静"二字，且区分"继善""成性"，说明朱熹坚守自己的方法论即理一分殊方法论，不予让步。

其二，《太极图说解》草稿云："太极，道也。阴阳，器也。"② 吕祖谦《太极图义质疑》云："此固非世儒精粗之论，然似有形名太过之病。"③ 此意见即七宗意见之第二宗"谓不当以太极阴阳分道器"。朱熹《太极图说辩》称："阴阳太极，不可谓有二理必矣。然太极无象，而阴阳有气，则亦安得而无上下之殊哉？此其所以为道器之别也。故程子曰：'形而上为道，形而下为器，须著如此说。然器亦道也，道亦器也。'得此意而推之，则庶乎其不偏矣。"④《太极图说解》定本注文为："太极，形而上之道也。阴阳，形而下之器也。"⑤ 朱熹坚持"上下之殊""道器之别"，没有采纳吕祖谦意见。

其三，《太极图说解》草稿云："男女虽分，然实一太极而已。分而言之，一物各具一太极也。道一而已，随时著见，故有三才之别，其实一太极也。"⑥ 张栻建议修改这段话，其修改意见可从《朱熹集》卷三十一《答张敬夫》逆知，书云："各具一太极，来喻固善，然一事一物上各自具足此理，著个'一'字，方见得无欠剩处。"⑦ 由此可见张栻认为太极浑然不可割分，不得谓一物各有一太极。张栻的意见，即七宗意见之第四宗

---

① 朱熹：《朱子全书》第十三册《太极图说解》，上海古籍出版社、安徽教育出版社2002年版，第72页。
② 束景南：《朱熹佚文辑考》，江苏古籍出版社1991年版，第87页。
③ 同上。
④ 朱熹：《朱子全书》第十三册《太极图说解》，上海古籍出版社、安徽教育出版社2002年版，第77页。
⑤ 同上注，第72页。
⑥ 束景南：《朱熹佚文辑考》，江苏古籍出版社1991年版，第88页。
⑦ 朱熹：《朱熹集》卷三十一《答张敬夫》，四川教育出版社1996年版，第1308页。

"不当言一物各具一太极"。朱熹《太极图说辩》称:"万物之生,同一太极者也,而谓其各具,则亦有可疑者。然一物之中,天理完具,不相假借,不相陵夺,此统之所以有宗,会之所以有元也。是则安得不曰各具一太极哉!"① 此文中的"一"非数量之一,乃全体之谓。物中天理完具,不稍欠缺,故用"一"称之。《太极图说解》定本注文为:"自男女而观之,则男女各一其性,而男女一太极也。自万物而观之,则万物各一其性,而万物一太极也。盖合而言之,万物统体一太极也。分而言之,一物各具一太极也。"②

其四,《太极图说解》草稿云:"静者,性之贞也,万物之所以各正性命,而天下之大本所以立也,中与仁之谓也。盖中则无不正,而仁则无不义也。"③ 又云:"☾者,阳动也,○之用所以行也。☽者,阴之静也,○之体所以立也。"④ 又云:"阳也,刚也,仁也,☾也,物之始也。阴也,柔也,义也,☽也,物之终也。"⑤ 吕祖谦《太极图义质疑》云:"后章云'太极之妙,阴中有阳,阳中有阴,动静相涵,仁义不偏,未有截然不相入而各为一物者也。'此语甚善,似不必以阴阳刚柔仁义相配。"⑥ 张栻也说:"伯恭昨日得书,犹疑《太极说》中体用先后之论。要之,须是辨析分明,方真见所谓一源者。不然,其所谓一源,只是臆度想象耳。但某意却疑仁义中正分动静之说,盖是四者皆有动静之可言,而静者常为之主,必欲于其中指二者为静,终有弊病,兼恐非周子之意。"⑦ 吕祖谦、张栻两人意见,即七宗意见之第三宗"谓不当以仁义中正分体用"、第五宗"谓体用一源,不可言体立而后用行"。朱熹《太极图说辩》称:"仁义中正,同乎一理者也,而析为体用,诚若有未安者。然仁者,善之长也;

---

① 朱熹:《朱子全书》第十三册《太极图说解》,上海古籍出版社、安徽教育出版社 2002 年版,第 77 页。
② 同上注,第 74 页。
③ 束景南:《朱熹佚文辑考》,江苏古籍出版社 1991 年版,第 88 页。
④ 同上注,第 89 页。
⑤ 同上。
⑥ 同上。
⑦ 张栻:《南轩集》卷二十《答朱元晦》,文渊阁《四库全书》本。

中者，嘉之会也；义者，利之宜也；正者，贞之体也。而元亨者，诚之通也；利贞者，诚之复也。是则安得谓无体用之分哉！"①又说："若夫所谓体用一源者，程子之言盖已密矣。其曰'体用一源'者，以至微之理言之，则冲漠无朕，而万象昭然已具也。其曰'显微无间'者，以至著之象言之，则即事即物，而此理无乎不在也。言理，则先体而后用，盖举体而用之理已具，是所以为一源也。言事，则先显而后微，盖即事而理之体可见，是所以为无间也。然则所谓一源者，是岂漫无精粗先后之可言哉？况既曰体立而后用行，则亦不嫌于先有此而后有彼矣。"②《太极图说解》定本云："静者，诚之复而性之贞也。苟非此心寂然无欲而静，则亦何以酬酢事物之变，而一天下之动哉！故圣人中正仁义，动静周流，而其动也，必主乎静……盖必体立而后用有以行。若程子论乾坤动静而曰：'不专一，则不能直遂。不翕聚，则不能发散。'亦此意尔。"③

上述论辩，如继善成性可否分阴阳、中正仁义可否分体用、太极阴阳可否分道器、太极可否言其分见于各物、体用可否分别先后等，归结为一句话，就是要不要采用分析方法来讲本体。朱熹感到，当时学者已"含糊覆冒之久"，自己"一旦遽欲分剖晓析而告语之"，难得赞同，"宜其不能入也"。④他认为张栻、吕祖谦等诘难者乐言浑然大者，只能得到溷漾仿佛的直觉印象，其实不能体证到万理咸具的真实本体。朱熹认为，用分析方法使众理精粗兼顾，巨细靡遗，了然于胸，最终能上达一路，体认到太极本体。为了最终体认太极本体，是"不嫌于分说"的。朱熹坚持的方法，是他从学李侗而得的理一分殊方法。《太极图说辩》总结说："夫道体之全，浑然一致，而精粗本末、内外宾主之分，粲然于其中，有不可以毫厘差者。此圣贤之言所以或离或合，或异或同，而乃所以为道体之全也。今徒知所谓浑然者之为大而乐言之，而不知夫所谓粲然者

---

① 朱熹：《朱子全书》第十三册《太极图说解》，上海古籍出版社、安徽教育出版社2002年版，第77页。
② 同上注，第78页。
③ 同上注，第75页。
④ 朱熹：《朱熹集》卷三十《答汪尚书》，四川教育出版社1996年版，第1280页。

之未始相离也。是以信同疑异，喜合恶离，其论每陷于一偏，卒为无星之称、无寸之尺而已，岂不误哉！"①

张栻见朱熹拒不接受众人意见，遂另作《太极图说解》，刻板付印。为了不将双方的分歧公开化，朱熹决定暂不印刻《太极图说解》，张栻也将其书收版，这段公案就搁置起来。直到淳熙十五年（1188）与陆九渊辩论无极、太极时，朱熹才把《太极图说解》拿出传布，而此时张栻、吕祖谦已先后在淳熙七年（1180）、淳熙八年（1181）辞世。朱熹最终坚持用理一分殊方法阐述太极本体，其说遂为后世解《太极图》《太极图说》者所宗。

与张栻、吕祖谦等人辩论之余，又发生了与胡实、洪迈的《太极图》《太极图说》版本之辩。

与胡实辩论的是《太极图》"阴静"二字的位置。乾道七年（1171），胡实（字广仲）寄给朱熹一张《太极图》，其中"阴静"在上，"阳动"在下，与朱震《周易图》记载的《太极图》以及《黄氏日抄》记载的麻沙镇刻本的《太极图》相同，胡实认为它是周敦颐《太极图》的原貌，而朱熹的《太极图》有错误。胡实寄此图给朱熹，乃因为"阴静"在上的图式有利于他以静说性，有助于维护湖湘学派"本然之性，不与恶对"即"性无善恶"之主张。因此，在《太极图》版本之辩的背后，是考亭学派与湖湘学派的学理之争。

坚持"性善"，反对湖湘学派"性无善恶"之说和"以静说性"之方法，是朱熹心性论的基本态度。在本体论方面，他不能同意在动静之外别有一个不与动相对的绝对的"静"。他回信给胡实："《太极图》旧本极荷垂示，然其意义终未能晓。如'阴静'在上而'阳动'在下，黑中有白而白中无黑，及五行相生先后次序，皆所未明。"②胡实又来信争辩，朱熹回信曰："旧传图、说皆有谬误，幸其失于此者犹或有存于彼，是以向

---

① 朱熹：《朱子全书》第十三册《太极图说解》，上海古籍出版社、安徽教育出版社2002年版，第77页。
② 朱熹：《朱熹集》卷四十二《答胡广仲》，四川教育出版社1996年版，第1946页。

来得以参互考证，改而正之。凡所更改，皆有据依，非出于己意之私也。若如所论，必以旧图为据而曲为之说，意则巧矣。然既以第一圈为阴静，第二圈为阳动，则夫所谓太极者果安在耶？……且程子所谓无截然为阴为阳之理，即周子所谓互为其根也。程子所谓升降生杀之大分不可无者，即周子所谓分阴分阳也。两句相须，其义始备。"①朱熹承认自己曾修改《太极图》，而修改的根据，就是《太极图说》"阴阳互根"的思想。

朱熹拂逆众多版本，悍然改易原图，是因为非此不能由《太极图》发挥自己的即体即用、体用不二的太极本体论，非此亦不能从周敦颐《太极图说》引出程颐《程氏易传序》"体用一源，显微无间"命题，非此亦不能构建周、程道统。有了修改后的《太极图》，朱熹方能在《太极图说解》中自由地发挥本体论曰："☽者，☾之根也。☾者，☽之根也"②；"太极者，本然之妙也。动静者，所乘之机也。太极，形而上之道也。阴阳，形而下之器也。是以自其著者而观之，则动静不同时，阴阳不同位，而太极无不在焉。自其微者而观之，则冲漠无朕，而动静阴阳之理已悉具于其中矣。虽然，推之于前，而不见其始之合，引之于后，而不见其终之离也。故程子曰：'动静无端，阴阳无始。'非知道者，孰能识之。"③由此构建周、程道统。

与洪迈辩论的是《太极图说》首句文本。朱熹校订的长沙本《通书》和建安本《太极通书》及《太极图说》首句皆作"无极而太极"。当时他用来校订《太极通书》的各种本子，如程门侯师圣本、尹焞本、春陵本、延平本、婺源本、紫芝本等，首句都如此。后来，临汀杨方得到九江周子故家传本，首句作"无极而生太极"。淳熙十五年（1188），朱熹借观洪迈所修《国史》，中有《周敦颐传》，所载《太极图说》首句作"自无极而为太极"。这样一来，在朱熹序定《太极图说解》之后的十五年间，《太极图说》首句竟又出现两个异文，分别是"无极而生太极"和"自无

---

① 朱熹：《朱熹集》卷四十二《答胡广仲》，四川教育出版社1996年版，第1953页。
② 朱熹：《朱子全书》第十三册《太极图说解》，上海古籍出版社、安徽教育出版社2002年版，第70页。
③ 同上注，第72页。

极而为太极"。这两个文本对《太极图说解》构成严重威胁。《太极图说解》的重要思想，是说无极与太极异名同实，即所谓："上天之载，无声无臭，而实造化之枢纽、品汇之根柢也，故曰'无极而太极'，非太极之外复有无极也。"① "盖其所谓太极云者，合天地万物之理而一名之耳。以其无器与形，而天地万物之理无不在是，故曰'无极而太极'。以其具天地万物之理而无器与形，故曰'太极本无极'也。是岂离乎生民日用之常而自为一物哉？"② 朱熹认为《太极图》和《太极图说》的无极与太极，是用不同方式指称本体，无极和太极没有时间先后，太极与阴阳、五气、万物之间也没有时间先后，无极、太极与万物，乃是体用一源、显微无间的关系。本来，由"无极而太极"一句发挥出上述思想，已觉稍费笔墨，一旦此句变为"无极而生太极"或"自无极而为太极"，立刻就使朱熹的发挥成为不可能。"无极而生太极"和"自无极而为太极"，把无极放在太极之先、之上，意味着从无极到太极须经历一时间过程，有明显的宇宙生成论色彩，果真如此，则无极为一物，太极又为一物，这不但使朱熹的《太极图说解》成为无皮之毛，而且将否定周敦颐《太极图说》与程颐《程氏易传序》在体用思想方面的关联，进而否定周程道统，这是朱熹不能接受的。他的应对策略是断然否定两个文本的合法性，不留回旋余地。对杨方的本子，他直断其误："'无极而太极'，'而'下误多一'生'字。"③ 对《国史》的本子，他怀疑"自""为"二字是洪迈添入，欲请刊正，最终力未能逮。④ 数百年来，关于周敦颐《太极图说》首句原文到底如何，朱熹之论是否得当，一直存在不同意见。在没有新文献证据以前，这个问题不妨存疑。

---

① 朱熹：《朱子全书》第十三册《太极图说解》，上海古籍出版社、安徽教育出版社2002年版，第72页。
② 朱熹：《朱熹集》卷七十八《隆兴府学濂溪先生祠记》，四川教育出版社1996年版，第4085~4086页。
③ 朱熹：《朱熹集》附《朱熹遗集》卷三《跋延平本太极通书》，四川教育出版社1996年版，第5684页。
④ 《朱熹集》卷七十一《记濂溪传》、卷八十《邵州州学濂溪先生祠记》、卷三十六《答陆子静》第六书。

淳熙十二年（1185）到淳熙十六年（1189），还发生了与陆氏兄弟的太极论辩。这次论辩，朱熹比较详尽地阐发了《太极图说解》本体论之要义。数封论辩书信，可说是《太极图说解》之辅翼。

论辩始于淳熙十二年（1185）。这年三四月间，陆九韶赴临安，途经崇安造访朱熹，面论太极。六七月间，陆九韶致书朱熹，继续讨论相关问题，年底朱熹回信。[①] 这以后书信往复，朱熹分别在淳熙十三年（1186）十二月、淳熙十四年（1187）五月致书陆九韶。[②] 淳熙十四年，陆九渊加入辩论。淳熙十五年（1188）正月，朱熹致书陆九渊，[③] 陆九渊回信，[④] 十一月朱熹又致书陆九渊，[⑤] 十二月陆九渊又致书朱熹。[⑥] 淳熙十六年（1189）正月，朱熹致书陆九渊，[⑦] 表示不愿再辩，朱陆太极之辩结束。[⑧] 辩论历时四年，留存书信八封，[⑨] 涉及"无极太极""形上形下""'极'字"等内容。朱熹所持观点有四大宗：一，无极即是无形，太极即是有理。二，太极是形而上者，阴阳是形而下者。三，语道体之至极，则谓之太极；语太极之流行，则谓之道。四，太极是理之极至。

陆九韶排斥《太极图说》首句"无极而太极"之说，认定它属于老氏之学，并进而怀疑《太极图说》或者不是周敦颐所著，抑或是周敦颐早年不成熟作品。[⑩] 他认为在"太极"上加"无极"，"是头上安头，过为虚无好高之论也"。[⑪] 朱熹辩曰："不言无极，则太极同于一物，而不足为万化之根。不言太极，则无极沦于空寂，而不能为万化之根。"[⑫] 又曰："谓著'无极'之字便有虚无好高之弊，则未知尊兄所谓太极是有形器之

---

① 《朱熹集》卷三十六《答陆子美》第一书。
② 同上注，第二书、第三书。
③ 《朱熹集》卷三十六《答陆子静》第四书。
④ 《象山先生全集》卷二《与朱元晦》第一书。
⑤ 《朱熹集》卷三十六《答陆子静》第五书。
⑥ 《象山先生全集》卷二《与朱元晦》第二书。
⑦ 《朱熹集》卷三十六《答陆子静》第六书。
⑧ 上述事件发生之时间，根据束景南《朱熹年谱长编》以及陈来《朱熹哲学研究》之考证。
⑨ 张伯行辑：《周濂溪集》卷二《晦庵答陆子美书》有陆九韶致朱熹书的部分文字。
⑩ 《象山先生全集》卷十五《与陶赞仲》第一书、卷二《与朱元晦》第一书，《四部丛刊》本。
⑪ 张伯行辑：《周濂溪集》卷二《晦庵答陆子美书》，正谊堂本。
⑫ 朱熹：《朱熹集》卷三十六《答陆子美》第一书，四川教育出版社1996年版，第1567页。

物耶？无形器之物耶？若果无形而但有理，则无极即是无形，太极即是有理明矣，又安得为虚无而好高乎？"① 这里朱熹思想的要点，即"无极即是无形，太极即是有理"。

陆九渊根据《易传》"立天之道曰阴与阳""形而上者谓之道""一阴一阳之谓道"，说："一阴一阳，已是形而上者，况太极乎？"② 朱熹回答："一阴一阳虽属形器，然其所以一阴而一阳者，是乃道体之所为也。故语道体之至极，则谓之太极；语太极之流行，则谓之道。虽有二名，初无两体。周子所以谓之'无极'，正以其无方所，无形状，以为在无物之前，而未尝不立于有物之后；以为在阴阳之外，而未尝不行乎阴阳之中；以为通贯全体，无乎不在，则又初无声臭影响之可言也。今乃深诋无极之不然，则是直以太极为有形状，有方所矣。直以阴阳为形而上者，则又昧于道器之分矣。"③ 又曰："凡有形有象者，皆器也。其所以为是器之理者，则道也。……太极固未尝隐于人，然人之识太极者则少矣。往往只是于禅学中认得个昭昭灵灵能作用底，便谓此是太极，而不知所谓太极乃天地万物本然之理，亘古亘今，颠扑不破者也。"④ 这里朱熹思想的要点即是："太极是形而上者，阴阳是形而下者"以及"语道体之至极，则谓之太极；语太极之流行，则谓之道"。

陆九渊说："极者，中也。言无极则是犹言无中也，是奚可哉？"⑤ 朱熹回答："《大传》之太极者，何也？即两仪、四象、八卦之理具于三者之先，而缊于三者之内者也。圣人之意，正以其究竟至极，无名可名，故特谓之太极，犹曰'举天下之至极无以加此'云尔。……极者，至极而已。……至于太极，则又初无形象方所之可言，但以此理至极而谓之极耳。"⑥ 这里朱熹思想的要点，即是"太极是理之极至"。

---

① 朱熹：《朱熹集》卷三十六《答陆子美》第一书，四川教育出版社1996年版，第1568页。
② 陆九渊：《象山先生全集》卷二《与朱元晦》第一书，《四部丛刊》本。
③ 朱熹：《朱熹集》卷三十六《答陆子静》第五书，四川教育出版社1996年版，第1575页。
④ 同上注，第1580、1582页。
⑤ 陆九渊：《象山先生全集》卷二《与朱元晦》第一书，《四部丛刊》本。
⑥ 朱熹：《朱熹集》卷三十六《答陆子静》第五书，四川教育出版社1996年版，第1574页。

总之,《太极图说解》和三次重要辩论留下的文献,表达了朱熹太极本体论的基本内容:一,太极为造化之枢纽,品汇之根柢。二,无极即是无形,太极即是有理。三,太极为形而上者,阴阳为形而下者,有分别而未始相离。四,总天地万物之理,便是太极。五,合而言之,万物统体一太极;分而言之,一物各具一太极。六,语道体之至极,则谓之太极;语太极之流行,则谓之道。七,体用一源,显微无间。自其著者而观之,则动静不同时,阴阳不同位,而太极无不在;自其微者而观之,则冲漠无朕,而动静阴阳之理,已悉具于其中。八,静即太极之体,动即太极之用。① 动静无端,阴阳无始。九,体证和阐述太极本体,不嫌于分别内外宾主。这些内容大都不必是周敦颐《太极图》和《太极图说》的固有之义,而应当是朱熹的发挥。朱熹说:"《太极图》,经许多人不与他思量出,自某逐一与他思索,方见得他如此精密。"② 又说:"濂溪著《太极图》,某若不分别出许多节次来,如何看得?"③

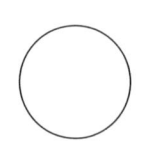

太极图式
《易学启蒙·原卦画第二》

《太极图》顶上一圈代表太极,其余部分为太极之衍化或展开。在《太极图说解》撰成十五年后,朱熹把《太极图》中的太极图式引入到《易学启蒙》,《易学启蒙·原卦画第二》给出的太极图式为左图,并附解说曰:"太极者,象数未形而其理已具之称,形器已具而其理无朕之目,在《河图》《洛书》,皆虚中之象也。周子曰'无极而太极',邵子曰'道为太极',又曰'心为太极',此之谓也。"④ 朱熹晚年定稿的《周易本义》,卷首《伏羲八卦次序》《伏羲八卦方位》二图,也以圆圈代表太极。

《太极图说解》奠立的太极本体论,是朱熹易学的理论基础。朱熹后来提出"《易》本卜筮之书""先天学为易学纲领""《易》只是个空底

---

① 按,此体乃体质之体,非本体之体。
② 黎靖德编:《朱子语类》卷六十四,中华书局1994年版,第1591页。
③ 同上书卷九十四,中华书局1994年版,第2387页。
④ 朱熹:《朱子全书》第一册《易学启蒙》卷二,上海古籍出版社、安徽教育出版社2002年版,第218页。

物事"等说，都是《太极图说解》"无形而有理"太极本体论的丰富和展开。《太极图说解》"无形而有理"的太极本体论，使朱熹的象数之学从一开始即高屋建瓴，俯瞰汉代以来图书象数诸家之说，最终完成诸家的统一融合。朱熹认为只有"无形而有理"之太极，方能统摄有形有别的《河图》《洛书》《太极图》《先天图》《卦变图》及其他琐碎的象数内容。太极本体论，是朱熹易学思想之本原。

"无心涵有象"
——朱熹的先天之学

朱熹《周易五赞·原象》曰:"邵传羲画,程演周经。象陈数列,言尽理得。弥亿万年,永著常式。"① 这意味着合程颐、邵雍两家之法,乃是解《易》之"常式"。六十岁前后,朱熹融汇邵雍先天学和自己的"《易》本卜筮之书"思想,提出"先天学为易学纲领"之说,又融汇邵雍先天学和程颐理学思想,提出"无心涵有象"之说。

邵雍字尧夫,谥康节,祖籍河北范阳,少时随父迁居河南共城,居苏门山百源之上,晚居洛阳。邵雍父邵古字天叟,是一位易学家。《郡斋读书志后志》载:"邵古《周易解》五卷。右皇朝邵古天叟撰。古,雍之父也。世本范阳,治平初卒于洛阳,年七十九。其学先正音文云。"② 邵雍青年为学刻苦自励,冬不炉,夏不扇,夜不就枕者凡数年,精研《周易》,后"踰河、汾,涉淮、汉,周流齐、鲁、宋、郑之墟,久之,幡然来归,曰:'道在是矣。'遂不复出"。③ 据《上蔡语录》以及《宋史》本传记载,邵雍推衍《先天图》,用于推步之术,"知虑绝人""遇事能前知""事物之成败终始,人之祸福修短,算得来无毫发差错",一时名动洛阳。邵雍多次被推荐做官,终不肯出仕,有《皇极经世书》《观物内外篇》《伊川击壤集》《渔樵问对》流传于世。

邵雍自重其术,不肯轻易传授与人。邵伯温《易学辨惑》记载:"先君之学……卒无所传,平时未尝妄以语人,故当时人亦鲜克知之者,唯

---
① 朱熹:《朱子全书》第一册《周易五赞》,上海古籍出版社、安徽教育出版社2002年版,第164页。
② 晁公武:《郡斋读书志后志》卷一,商务印书馆万有文库本。
③ 脱脱等撰:《宋史》卷四百二十七,中华书局1995年版,第12726页。

以自乐而已。有大名王豫及其甥荥阳张岷,虽尝从学,而又皆早死。"①
王豫字天悦,枢密直学士王洙之子,丁父忧居新乡,闻邵雍名,招致门下,本欲教之,后听邵雍讲论《周易》,得所未闻,茫然自失,乃反席再拜,反做了邵雍弟子。王豫曾以太常寺太祝知河阳府伊阙县事,因事夺官,隶海州,放还后监亳州明道宫,丁母忧卒。张岷字子望,枢密直学士张逸之孙,官至太常簿,因病卒于任上,去世时尚年轻。张岷从学邵雍,笔录讲易语录,家人见他平素珍惜这些文字,就拿来作陪葬。张岷兄张峋得到部分遗稿,后转交给邵伯温,整理成今见《观物外篇》。张岷曾为邵雍撰《行状》,著有《易》说,已散佚。

邵伯温字子文,邵雍之子,亦邵雍易学传人。《郡斋读书志附志》曰:"《卦图系述》五卷。右《卦图》三卷,《皇极经世篇系述》二卷。康节邵先生之说而先生之子伯温所学也。"②邵雍去世时,邵伯温二十多岁,他整理其父遗著,要辗转使用张岷记载的邵雍语录,说明他从父亲那里学到的东西并不是很多。

王豫、张岷、邵伯温以外,洛阳人杨贤宝可能也得邵雍传授。《宋元学案·王张诸儒学案》记载:"杨贤宝,洛阳人也,官至朝散大夫。晁以道曰:绍圣戊寅邂逅杨老,语及《易》而异之,恳从之求,乃得康节先生自为《易图》二,虽輘轮俱存,而杨行年将七十,中风,语音清浊不端,无由诘问。二三年少在旁哂笑,仆独敬之而尊其图。杨且指乾、坤、坎、离四卦,为仆言曰:'得是四卦,则见伏羲之《易》,而文王之《易》在其中。'明日,如迷人识归路,有感于二图可指,循环无方也。杨曰:'吾昏病,而忘之已久。今日因子之言,如初授此图时也。'"③

晁以道字说之,生于北宋嘉祐四年(1059),卒于南宋建炎三年(1129),济州钜野人。元丰五年(1082)进士,靖康初年召为秘书少监,进中书舍人兼太子詹事。高宗即位,授以徽猷阁待制兼侍读。晁说之一生著述颇丰,尤精易学。晁公武《郡斋读书志》载:"晁以道《古易》十二篇。右从父詹事公撰。以诸家《易》及许慎《说文》等九十五书是正其文,且依汉田何本分《易经》上、下,并十翼通为十二篇,以矫费氏、王

---

① 邵伯温:《易学辨惑》卷一,文渊阁《四库全书》本,第7页。
② 晁公武:《郡斋读书志附志》卷上,《续古逸丛书》本,第6页。
③ 黄宗羲:《宋元学案》卷三十三《王张诸儒学案》,中华书局1986年版,第1162页。

弼之失。谓刘向尝以中古文《易经》校施、孟、梁丘经,至蜀李譔又尝著《古文易》,遂名之曰《古易》。"又:"晁以道《太极传》六卷、《因说》一卷、《太极外传》一卷。右从父詹事公撰。其学本之邵尧夫,自云初学京房,后遇杨贤宝,得其传。初著《商瞿传》,亡之。建炎中再作此书,时年七十一。"① 根据这些记载可知,杨贤宝是邵雍弟子,晁说之学于杨贤宝,是邵雍再传弟子。

邵伯温《邵氏闻见录》称,当年曾与邵雍交游且为门生弟子者还有:姜愚字子发,京师人,长邵雍一岁,官至太学博士;张仲宾字穆之,潞州人,官至太学博士;侯绍曾字孝杰,怀州人,初为怀州武涉知县,官至殿丞;杨国宝字应之;以及"刘谏议元瑜字君玉,吕谏议献可静居,张少卿师锡及其子职方君景伯,状元师德之子谏议君景宪,王谏议益柔字胜之,子中散,兄弟慎言不疑、慎行无悔、慎术子重,刘大夫师旦子绚,张谔字师柔及其子孙,南国张大丞师雄及诸子,刘龙图之子秘监几字伯寿,修撰忧字明复,侍讲李寔字景真,吴少卿执中,王学士起字仲儒,李侍讲育字仲象、子籲字端伯,姚郎中奭字周辅"等。邵伯温罗列上述人物,仔细标榜其官爵职位、显赫家世,显然有抬高邵雍身份的用意,说他们皆为邵雍弟子,是不大可信的。

邵雍以神秘的推步之术名噪一时,身后留下的著作却只略启其术端倪,语焉不详,这就引发很多人的兴致。两宋之际,标榜其学源自邵雍的人很多,如田述古字明之,河南人,著《说易要》;王湜,同州人,著有《易学》;牛师德字祖仁,著有《先天易钤》《太极宝局》;朱震字子发,荆门人,著有《周易集传》《周易丛说》《周易图》;蔡元定字季通,建阳人,著有《皇极经世指要》;张行成字文饶,临邛人,著有《皇极经世索隐》《观物外篇衍义》《周易通变》;祝泌字子泾,德兴人,著有《皇极经世书钤》;朱元升字日华,号水檐,平阳人,著有《三易备遗》《邵易略例》;张云卿字伯纪,洛阳人;尹材字处初,洛阳人;蔡发号牧堂,建阳人;吕希哲字原明,河南人;吕希绩字纪常,河南人;吕希纯字子进,河南人;周纯明字全伯,澶渊人;陈了瓘字莹中,南剑州人;刘衡字兼道,崇安人。众人纷纷立言,旨趣各异,是否反映邵雍之学的本来面目,是很

---

① 晁公武:《郡斋读书志》卷一,江苏古籍出版社1998年影印《宛委别藏》本,第15页。

可疑的，正如《宋史·邵雍传》所说："世之知其道者鲜矣。"①

朱熹接触的邵雍先天之学，即是众人纷纷转述的杂乱之说。朱熹不大喜欢邵雍的推步之术，只从中钩稽出若干简明扼要的图式，稍加改造，成为《易学启蒙·本图书》之《太极图》《两仪图》《四象图》《八卦图》《四画者十六图》《五画者三十二图》《伏羲八卦图》《伏羲六十四卦图》。后来写《周易本义》，又精简改造为《伏羲八卦次序图》《伏羲八卦方位图》《伏羲六十四卦次序图》《伏羲六十四卦方位图》四幅图式。

《周易本义》的《伏羲六十四卦方位图》，《易学启蒙》称之为《伏羲六十四卦图》。在朱熹以前或者同时，有王湜《易学》的《先天图》，朱震《周易图》的《伏羲八卦图》，张行成《易通变》的《四象变十六象图》《交泰图》等，都与朱熹《伏羲六十四卦图》大致相同。其中，朱震收录的《伏羲八卦图》与《周易本义》的《伏羲六十四卦方位图》最为接近，图式如下：

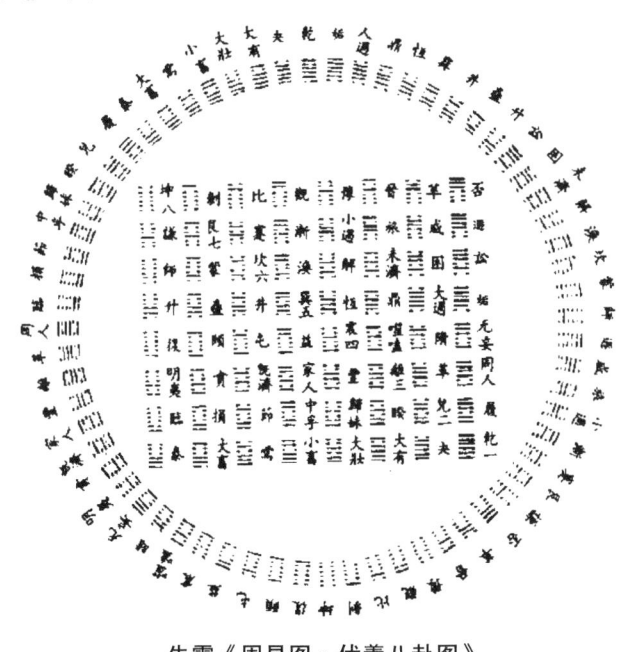

朱震《周易图·伏羲八卦图》
（文渊阁《四库全书》本）

---

① 脱脱等撰：《宋史》卷四百二十七，中华书局1995年版，第12726页。

该图外层环布六十四卦"圆图",中间方布六十四卦"方图",合而言之又称"方圆图"。

不过朱熹撰写《易学启蒙》和《周易本义》依据的原始图式,却不一定是朱震这张图,因为在《易学启蒙》成书前,朱熹跟他的学生讨论的图式,与这张图稍有区别。《朱子语类》卷六十五记载:"问:《先天图》……于复卦之下书曰'冬至子中',于姤卦之下书曰'夏至午中',此固无可疑者。独于临卦之下书曰'春分卯中',则临卦本为十二月之卦,而春分合在泰卦之下。又于遁卦之下书曰'秋分酉中',则遁卦本为六月之卦,而秋分合在否卦之下。……曰:伏羲《易》自是伏羲说话,文王《易》自是文王说话,固不可以交互求合。"① 这里朱熹对其弟子讨论的《先天图》,与朱震《伏羲八卦图》的不同之处,是在东、南、西、北四正位分别标"春分卯中""夏至午中""秋分酉中""冬至子中"。

朱熹曾经试图把《伏羲六十四卦方位图》中间方布的六十四卦移到圆图之外,事载《朱子语类》卷六十五:"《先天图》如何移出方图在下?曰:是某挑出。"② 至于"移出方图在外"的理由,《朱子语类》也有记载:"问:《先天图》阴阳自两边生,若将坤为太极,与《太极图》不同,如何? 曰:他自据他意思说,即不曾契勘濂溪底。若论他太极,中间虚者便是。他亦自说'图从中起',今不合被横图在中间塞却。待取出放外,他两边生者,即是阴根阳,阳根阴。这个有对,从中出即无对。"③ 朱熹认为《伏羲六十四卦方位图》之中心区域代表太极,因为太极无形象,故当"虚中"以示之。方图置于中心,妨碍了"太极居中无形象"的含义,故应该移出在外。不过,从后来情况看,"移出方图在外"似乎只是朱熹一时的想法,并未坚守到底。根据《北溪大全集》卷二十二《答廖师子晦》第三书,可知朱熹晚年校订的《易学启蒙》和《周易本义》,都没有

---

① 黎靖德编:《朱子语类》卷六十五,中华书局1994年版,第1618~1619页。
② 同上注,第1613页。此条语录,记录人为"泳"。查《语录姓氏》,有两个"泳",一胡泳,字伯量,闻于戊午(1198);一汤泳,字叔永,闻于乙卯(1195)。《朱文公易说》收录此条语录,记录人标"汤泳",由此可知这次问答发生在庆元乙卯年(1195)。
③ 黎靖德编:《朱子语类》卷六十五,中华书局1994年版,第1613页。

把方图移出在外。陈淳致廖子晦书说:"某向者庚申春首自考亭传《本义》来……《伏羲六十四卦方位》,左自乾一至震四,右自巽五至坤八,亦依前八卦方位,而正南之中注'夏至午中',正北之中注'冬至子中',正东之中注'春分卯中',正西之中注'秋分酉中',外无六十四卦名,而内为方图,与《启蒙》全同。窃谓此为定本,更不可易。"①信中"庚申"指庆元六年(1200),此时《易学启蒙》已刊刻多年,《周易本义》也最后定稿。陈淳信中说起的《周易本义》之《伏羲六十四卦方位》,与《易学启蒙》的《伏羲六十四卦方位图》完全相同,都是"四正位标字""外无六十四卦名""内为方图",可见朱熹最终没有把方图移出在外。

《周易本义》的《伏羲八卦方位图》,《易学启蒙》称之为《伏羲八卦图》,其图式如下:

《周易本义》卷首《伏羲八卦方位图》
(上海古籍出版社、安徽教育出版社《朱子全书》本)

邵雍先天学有"伏羲八卦",如《观物外篇·先天象数第二》云:"'天地定位'一节,明伏羲八卦也。"②又云:"顺数之,乾一、兑二、离三、震四、巽五、坎六、艮七、坤八;逆数之,震一、离兑二、乾三、巽四、坎艮五、坤六也。"③可见"伏羲八卦"包含两个特征:第一,八卦环列,乾南、坤北、离东、坎西、兑东南、震东北、巽西南、艮西北,乾坤、艮兑、震巽、坎离互成对待;第二,八卦之序,乾一、兑二、离

---

① 陈淳:《北溪大全集》卷二十二《答廖师子晦三》,文渊阁《四库全书》本。
② 邵雍撰,王从心整理,李一忻点校:《皇极经世》,九州出版社2003年,第520页。
③ 同上注,第540页。

三、震四、巽五、坎六、艮七、坤八。在邵雍之后，祝泌所著《观物篇解》卷五有《八卦交为十二辰图》，张行成所著《易通变》卷十有《春分图》《秋分图》，都录有符合这两项特征的八卦图式，应当是邵雍"伏羲八卦之图"的推演。与祝泌、张行成等人的图式相比，朱熹的《伏羲八卦方位图》多了一项特征，即以中间空白处为太极，这可能是朱熹的创意。《朱子语类》卷六十五，黄义刚录："问：'《先天图》，心法也。图皆自中起，万化万事生乎心'，何也？曰：其中白处者，太极也。"① 以中间空白处为太极，并用圆圈表示之，体现了周敦颐《太极图》和邵雍"伏羲八卦"之综合，完成这个综合的人物，应当是朱熹。

《周易本义》还有两个先天学图式，即《伏羲八卦次序图》和《伏羲六十四卦次序图》，如下：

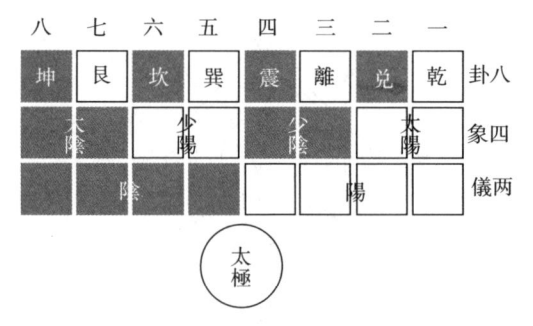

《周易本义》卷首《伏羲八卦次序图》
（上海古籍出版社、安徽教育出版社《朱子全书》本）

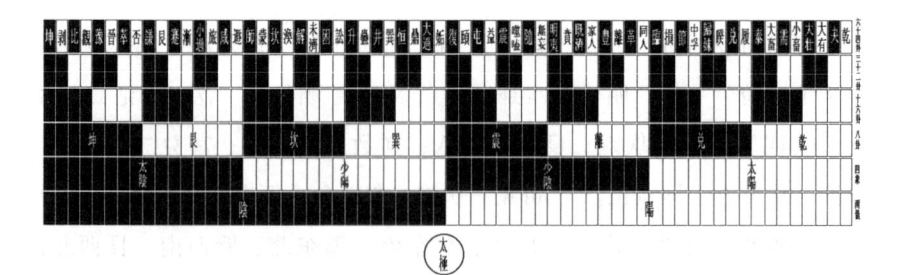

《周易本义》卷首《伏羲六十四卦次序图》
（上海古籍出版社、安徽教育出版社《朱子全书》本）

---

① 黎靖德编：《朱子语类》卷六十五，中华书局 1994 年版，第 1616 页。

两图依照邵雍"加一倍法"制作。"加一倍法"是邵雍先天学的基本原理,《皇极经世·观物外篇》云:"太极既分,两仪立矣。阳上交于阴,阴下交于阳,四象生矣。阳交于阴,阴交于阳,而生天之四象。刚交于柔,柔交于刚,而生地之四象。于是八卦成矣。八卦相错,然后万物生焉。是故一分为二,二分为四,四分为八,八分为十六,十六分为三十二,三十二分为六十四。故曰'分阴分阳,迭用柔刚,故易六位而成章'也。"① 邵雍这个方法,被程颢总结为"加一倍法"。从《易学启蒙》《周易本义》《答袁机仲书》等文献可知,《周易本义》的《伏羲八卦次序图》和《伏羲六十四卦次序图》都是朱熹亲手制作的。从初制两图到制成两图,中间经历很长时间。在较早成书的《易学启蒙》中,从太极生两仪直至生出六十四卦的过程,都用阴阳爻表示。该书《原卦画》篇曰:"太极之判,始生一奇一偶,而为一画者二,是为两仪……两仪之上各生一奇一偶,而为二画者四,是谓四象……四象之上各生一奇一偶,而为三画者八,于是三才略具,而有八卦之名矣……八卦之上各生一奇一偶,而为四画者十六,于经无见,邵子所谓'八分为十六'者是也……四画之上各生一奇一偶,而为五画者三十二。邵子所谓'十六分为三十二'者是也……五画之上各生一奇一偶,而为六画者六十四,则兼三才而两之,而八卦之乘八卦亦周。于是六十四卦之名立,而《易》道大成矣。"②《易学启蒙》成书后,朱熹曾与袁枢讨论这些图式,《朱熹集》卷三十八《答袁机仲》第一、第二、第三书讨论的八卦、六十四卦生成次序图,即指《易学启蒙》这个阴阳爻迭加之图。《易学启蒙》成书时,黑白图可能还没有创制出来。《易学启蒙》成书后第六及第七年,即绍熙五年(1194)前后,朱熹再次和袁枢讨论八卦生成次序,就开始提到黑白图了。《答袁机仲》第四书云:"来教又论黑白之位尤不可晓。然其图亦非古

---

① 邵雍撰,王从心整理,李一忻点校:《皇极经世》,九州出版社2003年,第522页。
② 朱熹:《朱子全书》第一册《易学启蒙》卷二,上海古籍出版社、安徽教育出版社2002年版,第219~228页。

法，但今欲易晓，且为此以寓之耳。乾则三位皆白，三阳之象也。兑则下二白而上一黑，下二阳而上一阴也。离则上下二白而中一黑，上下二阳而中一阴也。震则下一白而上二黑，下一阳而上二阴也。巽之下一黑而上二白，坎之上下二黑而中一白，艮之下二黑而上一白，坤之三黑，皆其三爻阴阳之象也。盖乾、兑、离、震之初爻皆白，巽、坎、艮、坤之初爻皆黑，四卦相间，两仪之象也。乾、兑、巽、坎之中爻皆白，离、震、艮、坤之中爻皆黑，两卦相间，四象之象也。乾、离、巽、艮之上爻皆白，兑、震、坎、坤之上爻皆黑，一卦相间，八卦之象也。"①朱熹自云"图亦非古法""今欲易晓，且为此以寓之耳"，说明这张图当为朱熹亲手制作。由黑白位构成的次序图，较之用阴阳爻排成的次序图，削弱了"前后相继"的宇宙论色彩，能更好地表现"体用不二"的本体论，理论层次似有提高。

综上所述，《周易本义》卷首四幅先天图，其中一幅采自流传图式，一幅经朱熹增补，两幅为朱熹手制。四幅图式都没有偏离邵雍先天学的基本原理。

以上是先天之学从邵雍到朱熹的传承史迹。下面将考察朱熹由先天学引申出的两个易学思想，即"先天学为易学纲领"和"无心涵有象"。

在最迟不晚于淳熙十一年（1184）或十二年（1185），朱熹认识到，邵雍所传《先天图》，是解《易》的新路向，从而提出《先天图》为易学纲领之说。他写信给虞士朋说："'易有太极，是生两仪'者，一理之判，始生一奇一偶，而为一画者二也。'两仪生四象'者，两仪之上，各生一奇一偶，而为二画者四也。'四象生八卦'者，四象之上，各生一奇一偶，而为三画者八也。爻之所以有奇有偶，卦之所以三画而成者，以此而已。是皆自然流出，不假安排。圣人又已分明说破，亦不待更著言语、别立议论而后明也。此乃易学纲领，开卷第一义，然古今未见有识之者。至康节先生，始传先天之学而得其说，且以此为伏羲氏之《易》也……刚柔虽若各有所偏，必相错而后得中，然在乾坤二卦之全体，当刚而刚，当柔而柔，则不待相错而不害其为全矣。"②《朱熹集》卷

---

① 朱熹：《朱熹集》卷三十八《答袁机仲》，四川教育出版社1996年版，第1688页。
② 朱熹：《朱熹集》卷四十五《答虞士朋》，四川教育出版社1996年版，第2137～2138页。

四十五收录两封答虞士朋书，此为第一封。信中"刚柔虽若各有所偏"一段，是批评当时赵善誉《易说》"乾坤二卦偏了"之论。答虞士朋第二书又说："昨承寄示赵仓《易》《论语》说，足浣愁疾。"① "赵仓"也指赵善誉。赵善誉是当时的一位易学家，其事迹见于楼钥所撰《朝奉郎主管云台观赵公墓志铭》，其中写道："淳熙十一年六月，除提举荆湖北路常平茶盐……至是又进《易说》……十三年，除潼川府路提点刑狱……才三阅朔……除转运判官。"② 宋代称提举常平茶盐为"提仓"，朱熹称赵善誉为"赵仓"，说明当时赵善誉在提举荆湖北路常平茶盐任上，时间是淳熙十一年至十三年间。朱熹给虞士朋写两封信时，与赵善誉尚未谋面。③ 其后不久，赵善誉拜访了朱熹。见面的次年，朱熹写了一封信给"提举"赵善誉，信中说："往岁虽辱宠临，而倥偬卒迫，不能少款，每以为恨。"④ 朱熹在二人相见的次年写信给赵善誉，称他为"提举"，说明二人相识不晚于赵善誉卸提举任。我们可以排出上述事件的先后次序，即："赵善誉除提举"→"朱熹写信给虞士朋"→"朱熹得识赵善誉"→"赵善誉卸提举任"。根据这样的次序，可以知道《答虞士朋》两书作于赵善誉提举荆湖北路常平茶盐之初，即淳熙十一年（1184）下半年或淳熙十二年（1185）。

这里详细地考证《答虞士朋》两书的写作时间，是因为该信记载着朱熹易学思想的一次重要飞跃，即从"《易》本卜筮之书"跃向"先天学为易学纲领"，从而突破后天象"不传了"之困扰，转入先天象之研究。

此后，在淳熙十一、十二年到淳熙十六年（1189）的数年间，朱熹多次重复"《先天图》为易学纲领"，并且直接指认《先天图》即远古伏

---

① 朱熹：《朱熹集》卷四十五《答虞士朋》，四川教育出版社1996年版，第2140页。
② 楼钥：《攻媿集》卷一〇二，文渊阁《四库全书》本，第3页。
③ 《答虞士朋》第二书云："昨于乾坤二卦略记所疑之一二，今谩录呈，幸为详之。试因话次，以盛意扣之，看有何说，却以见报。熹与之未识，不欲遽相辩难，千万不必云熹所说也。"该文说明在朱熹写信给虞士朋的时候，与赵善誉尚未谋面。
④ 朱熹：《朱熹集》卷三十八《答赵提举》，四川教育出版社1996年版，第1704页。

羲《易》。例如,《朱熹集》卷四十六《答黄直卿》云:"前书所论《先天》《太极》二图,久无好况,不暇奉报。《先天》乃伏羲本图,非康节所自作。虽无言语,而所该甚广。凡今《易》中一字一义,无不自其中流出者。"① 淳熙十四年(1187),他写信给王伯礼说:"太极、两仪、四象、八卦者,伏羲画卦之法也。《说卦》'天地定位'至'坤以藏之'以前,伏羲所画八卦之位也,'帝出乎震'以下,文王即伏羲已成之卦而推其义类之词也。"② 淳熙十五年(1188)撰《记林黄中辨易西铭》云:"《系辞》所谓'易有太极,是生两仪,两仪生四象,四象生八卦',此是圣人作《易》纲领次第,惟邵康节见得分明。……太极乃两仪、四象、八卦之理,不可谓无,但未有形象之可言尔。故自此而生一阴一阳,乃为两仪,而四象、八卦又是从此生,皆有自然次第,不由人力安排。然自孔子以来,亦无一人见得,至邵康节然后明,其说极有条理意趣可玩,恐未可忽。"③ 同年,他写信给陆九渊,信中云:"伏羲作《易》,自一画以下。文王演《易》,自'乾元'以下。"④ 朱熹这样认定《先天图》就是远古伏羲《易》,在学术上当然是冒险之举,因而后世学者激烈批评之。而从思想史角度看,此举恰好反映出当时朱熹对《先天图》或伏羲《易》的重视。

基于"先天学为易学纲领"这一思想,朱熹与袁枢讨论《易学启蒙》之《先天图》时遂作诗曰:"忽然半夜一声雷,万户千门次第开。若识无心涵有象,许君亲见伏羲来。"⑤ 所谓"无心涵有象",是说伏羲所画两仪、四象、八卦,无非天地自然之理的呈现,后世文王之《易》、周公之《易》、孔子之《易》,乃至王弼、程颐之《易》,又无非伏羲所画之卦的内蕴透出。这就把自古以来所有的易学都看作是天理的渐次呈现,而且

---

① 朱熹:《朱熹集》卷四十六《答黄直卿》,四川教育出版社1996年版,第2253页。
② 同上书,卷五十四《答王伯礼》,四川教育出版社1996年版,第2730页。
③ 同上书,卷七十一《记林黄中辨易西铭》,四川教育出版社1996年版,第3691～3692页。
④ 同上书,卷三十六《答陆子静》,四川教育出版社1996年版,第1574页。
⑤ 同上书,卷三十八《答袁机仲》,四川教育出版社1996年版,第1686页。

天理之无穷无尽的内蕴，又必将在后世不断显现乃至无穷。更重要的是，这无穷无尽的天理，本具于人心之中，只要"玩之久熟，浃洽于心，则天地变化之神、阴阳消长之妙自将瞭于心目之间，而其可惊可喜、可笑可乐，必有不自知其所以然而然者矣。"①

---

① 朱熹：《朱熹集》，卷三十八《答袁机仲》，四川教育出版社1996年版，第1686页。